ムーギー・キム／ミセス・パンプキン

一流の育て方

FIRST CLASS EDUCATION

ビジネスでも勉強でも
ズバ抜けて活躍できる子を育てる

ダイヤモンド社

- 子どもは親のどんな教育方針に感謝している？
- なぜ「頭がよくても成功しない」子どもが多いのか？
- なぜあの人は「自分で物事を決められる」のか？
- 「主体性の有無」は、出身大学と無関係
- 重要な決定ほど、子どもにさせる
- 過保護と育児放棄のあいだのバランスが大切
- 他人に迷惑をかけない人ではなく、「役に立つ人」を目指させる
- ときには自分以外の全員が「間違っている」と教えよ
- 子どもを「天職」につけるにはどうしたらいいのか？
- 視野を広げず「自主放任」してもダメ
- 親のアドバイスは成人してから効いてくる
- 「半径100メートル」で育てない――広い世界観をもたせるには
- 自分の意志で挑戦させ、簡単にはやめさせない
- 子どもの「強い意志」がないところに、湯水のような教育費は無駄

・相手を理解し、心を通わせる能力を育む
・親の価値観の押し付けが、子どものコミュニケーション能力を低下させる
・怒るのではなく、気づかせよ
・たいていの子どもは放任しても強制しても、勉強しない
・教育とは、「勉強の楽しさ」「何が好きで、何が得意か」に気づかせること
・なぜ子どもに「勉強しなさい」と言ってはいけないのか？
・「何が好きで、何が得意か」に気づかせることが最大の教育
・他人の子は「しつけ」ができていて初めてかわいい
・なぜ「バーベキューパーティ」の振る舞いで将来を予測できるのか？
・子どもは「優しさだけ」を求めていない
・子どもに「お金の話」はすべきか？
・感謝力を磨け——「小さなありがとう」を忘れない
・子どもは親の言うことは聞かないが、行動の真似はする

……など、子どもを成功させる「一流の育て方」の珠玉の55か条とは？

ムーギー・キムによる本書の概説

「一流」を育てるための7大方針55か条

自己実現している人と、単に偏差値が高いだけの人の差は、いったいどこからくるのか?

私はこれまでさまざまな国で、各国のトップクラスの大学を出て、世界的な大学院で学び、最難関とされる企業で働くエリートたちと接してきた。

その中で興味を引いたのは、学歴やIQなどは同水準の彼らエリートの中でも、主体的に決断を下していき、周囲の信望を得て自己実現できる「一流のリーダー」と、いつまでも受け身でうだつが上がらない、万年平社員で終わる社員に大きく分かれていたということであった。

リーダーシップあふれる一流のビジネスパーソンと、単に勉強ができるだけの〝二流エリート〟たちのこの差はどこから来るのだろうか。

彼らのIQや通っている学校のクオリティおよび入社後のトレーニングに大差がないことを考えれば、その差は幼少期からの教育環境、各家庭での教育に起因するのでは、と私は考えた。

アンケートの経緯：こんな立派な学生の、親の顔が見てみたい

――将来、子どもが感謝するリーダーシップ教育の本質

「一流のエリートと二流のエリートを分ける家庭教育の真髄」を探る中、幸運にも日本を代表するトップクラスの優秀な若者たちに、彼らの受けた家庭教育に関して大規模なアンケート調査をする機会に恵まれた。

私は東洋経済オンラインでの連載である「グローバルエリートは見た！」や『世界中のエリートの働き方を1冊にまとめてみた』（東洋経済新報社）などの著作に絡んで、グローバル企業でのキャリアを志向するさまざまな就職活動生にキャリアアドバイスを求めていただくようになった。

彼らは単にいわゆるトップクラスの大学に入ったのみならず、学生時代から起業したりNPOを率いて途上国で開発援助に携わったり、大学の研究室で特許を取得したりと類まれなリーダーシップを発揮している。彼らの話を聞けば聞くほど立派であり、次第に「こちらこそアドバイスしてほしいもんだ」という想いが強くなっていった。

「こんな立派な学生さんたちの、親の顔が見てみたい！」と思った私は直ちに、彼らを相手にアンケート調査をし、幼少期から一体全体、どのような教育方針で育てられてきたのかを調べることにした。

ここには200人を超える、東大・京大・早慶を中心とした学生の中でも、学生時代に突出したリーダーシップを発揮してさまざまなグローバル企業に進んだ学生に、**両親の家庭教育を振り返って感謝している点、直してほしかった点を自由に記述してもらったアンケート**がある。

本書で紹介していく大量のアンケートの回答一つひとつが、育児に関して非常に示唆に富むものであり、注意深く読めば読むほど豊かな教訓を味わえる。そして驚いたことに、これらは本質的には、社会人全般に共通する「リーダーシップを育成する本質」ともいえる教訓の数々であった。

かくして私は、**幼少期のどのような家庭教育が、成人してからのリーダーシップを育むかに焦点を当てた本書を執筆する運びとなったのである。**

本書の特徴：子どもの視点×親の視点×グローバル人材育成の視点

本書の第一の特徴は、本書が依拠するアンケート調査の類まれな質の高さで、包括性と重要性を担保していることだ。

本書は前述の通り「優秀なエリート学生の家庭教育方法」に関する大規模な調査に基づいている。本編で紹介する大学生たちは、単なる偏差値エリートではなく主体的なリーダーシップ溢れる学生たちで、将来のビジネスリーダーの卵である。

そんな彼らのアンケートへの自由回答を体系的にカテゴライズし、**重要なトピックを「7大方針55か条」で網羅するという包括性にこだわった。**幅広い調査を重視したのは、優秀な子息を育てた一家族の育児法紹介では往々にして我流の域を出ず、特定の家庭でのみうまくいった物語で終わってしまうからだ。

また本書は非常に重要な、**優先順位の高いテーマしか扱っていない。**日本を代表するいわゆるエリート学生の皆さんに「家庭教育を振り返って、最も感謝している点・最も不満に思っている点」について回答してもらっているため、重要なトピックとそうでないトピックが玉石混淆（ぎょくせきこんこう）となり無駄なページが発生することはない。自分で言うのも嬉しいが、本書はこのアンケートの生データだけでも稀有（けう）な一級の育児参考資料になるだろう。

第二の特徴は、著者の豊富な育児経験からくる、一般論を押し付けない実践的な育児論の数々だ。共著者のミセス・パンプキンは、延べ160年に及ぶ母親経験（4人の子どもの年齢合計）に加え、親戚の子ども預かって家で育てる等、極めて豊富な育児経験を有している。

さらに膨大な育児経験をもとに、東洋経済オンラインで3年にわたって非常に人気の高い育児相談コラムを連載中である。また彼女は3年間ほぼ毎週の育児相談と、これまで幾多の親戚・友人・知人からの合計で数百を超える家庭相談にのってきたため、世の中には極めてさまざまな家庭のタイプ、子どものタイプがいることを熟知している。

その4人の子どもは京都の片田舎に生まれ、長女がカナダの大学の教員、次女が公認会計士でロンドン勤務、次男がニューヨーク州弁護士、そして長男の私が海外の金融機関の道に進んだ。また、同じ家庭ながら、子どものタイプはそれぞれ大きく異なっている。長女は生まれつき大の読書好きだが緊張感がなくおっとりしている。次女は生まれつき恐ろしく几帳面な努力家で完璧主義者だが、頑固である。長男の私は基本的に気の向くことしかしない、よく言えば自由主義、悪く言えば極度の面倒くさがり屋だ。末っ子の弟は大志を抱く夢見る冒険家だが、私への極めて反抗的な態度を見るに、わがままで自分勝手である。

本書では子どもの多様性を鑑み、育児の一般解を証明して万人を説得することを目的としていない。多くの優秀な人々がその親に感謝する「優れた教育方針の最大公約数」を紹介しつつも、最後は親自身と子どもの個性・家庭環境を踏まえた、個別の判断を重視している。

本書の目的はその判断を助ける多様な視点と、自己啓発で終わらず実際の打ち手につながる、実践的な具体論の提供である。

本書の第三の特徴は、本書が単なる育児本ではなく、本質的にはリーダーシップ養成本であることだ。

各章の冒頭では、私がさまざまなグローバル企業で見てきたリーダーシップあふれる一流のエリートたちの行動特性と、今回論じられるリーダーシップ教育論がどう関係しているのかを明示的に解説している。

実際に国際的なコンサルティングファームや金融機関、多国籍企業のエリートや起業家の中でも「生き生きと自己実現している一流のリーダーたち」に、「子どものころの家庭教育方針の中でも何が自分の行動特性に影響したか」、また、「自分自身の子どもをどのような方針で育てているのか」を幅広くインタビュー調査し、〝一流の育児方法〟を浮き彫りにしているのだ。

その内容からは、ビジネスリーダーたちが重視する人の育て方と、本編で紹介するリーダーシップ溢れる大学生たちの「育てられ方」が、本質的に共通していることを見て取っていただけるであろう。

本書は２００人ものエリート学生の「家庭教育に関する子どもの視点」、ミセス・パンプキンの合計１６０年の親としての経験からくる「親の視点」、そして私の幅広いグローバル・キャリアで実感した「グローバル・ビジネスパーソンの視点」で複眼的に捉えた、**自己実現のためのリーダーシップ養成テキスト**である。

わかりやすく、ともに学びやすい「親の教科書」

本書は、わかりやすさ、覚えやすさ、思い出しやすさのための構成にも、とことんこだわっている。本書の目次及び冒頭で全体の内容が要約されているのみならず、各章の冒頭でもそれぞれの章が要約されており、各章の小見出しがさらにその要約になっている。

パンプキンが執筆する本文でも、最初の数行でメッセージが強調されており、加えて重要な論旨は太字と傍線で強調してある。また各トピックは裏付けとなる多様なアンケート調査結果と、パンプキンが解説で説明する豊富な実例で、具体的に何をしたらいいのかが、鮮明に思い描けるようにデザインされている。

各章の最後では「親力診断テスト」とでも呼ぶべき「各章のポイント」が質問形式でまとめられており、本書でともに学んだ内容に関していつでも自己診断をし、簡単に思い出せるような工夫がなされている。

本書は単なる一回きりの読み物で終わらない、**長年にわたって何度読み返しても普遍的な教訓を与えてくれる、「親の教科書」をコンセプトとしている**のだ。

また、**初めて親になる方や、子育て中の方に贈ってもらったときに最も喜ばれ、役に立つ本を目指している。**本書で扱う各トピックに関し、親同士や学校の先生、教育に携わるさまざまな方々と教育方法を考えるための「育て方の参考書」としても、お使いいただければ幸いである。

本書が目指す先：いい大学、いい会社の先にあるもの

本書は単に頭がいい子どもを育てるための本ではない。勉強ができていい大学に入るためでもなければ、エリート企業に入って高い給料を得るための子育て本でもない。本書の関心事項はそのもっと遠く先にある。

いい大学やいい会社に入って終わらない、その先で自己実現するための主体性・リーダーシップを育むという意味での「一流の育て方」を、ともに学ぶことを目標に据えている。

「頭の良し悪しや大学のランク以前に、そもそも幸せな人生を送ってほしい」とは多くの親が抱く共通の願いではなかろうか。

世の中には「頭のいい子どもの育て方」や、「東大・ハーバードに子どもを入れるには」といった類の本はたくさんあるが、**幸福なキャリア・人生を切り開く、「子どもに感謝される育児法」を幅広く調査し、これほど複合的な視点で論じた本は皆無**といえよう。

そんな中、長年の月日を費やして「主体的に幸福な人生を切り開ける子ども」を育てるための本を親子で共著として書くことができたことを、大変嬉しく思う。

本書は幸福な自分らしい人生を切り開く子どもを育てるための、「子育ての教科書」を求める親御さんや、子育てに携わる方々が一義的な対象読者である。しかし広義には、主体的に幸せなキャリアを切り開きたいすべての方々が対象となろう。

それでは、子どもたち、そしてひいては自分自身のリーダーシップを伸ばすための具体的なヒントを探る刺激的な旅路に、親愛なる読者の皆さまとともに出発するとしよう。

※以下の本編では、各章冒頭の地色が青いページはムーギー・キム、それ以外のページはミセス・パンプキンが執筆を担当する。また、アンケートは情報保護と読みやすさの観点から、一部編集を加えている。

一流の育て方
目次

第2章
「視野」を広げ、天職に導く
選択肢を増やし、得意分野に進ませる

第3章

やり抜く力「グリット」を育む

真剣に挑戦させ、簡単にはやめさせない

第4章 一流の「コミュニケーション能力」を磨く

人から信頼されるために必要なコミュニケーション能力の本質

第6章

「勉強以外の勉強」をさせる

テスト勉強より、「しつけ」こそが一生の財産に

第7章
「無償の愛情」を感じさせる
最も大切な親の仕事

はじめに
子どもは親のどんな教育方針に感謝している?

たいそうな本を書くことになりましたが、どうぞよろしくお願いします。

私の4人の子育て生活を振り返りますと、最初の子は当然ながら誕生から巣立ちまで、初めての経験ばかりでした。がむしゃらで手探りで、反省と後悔に満ちたものです。

2人目からはその経験と教訓があり、情報を選択する力もつき、育児はぐんと楽になりました。かつてはそうして2人目以降の子育てに、最初の子育てで得た教訓を生かすことが普通だったように思います。

しかし今の時代は子どもの数は平均1人、それに加えて核家族化で、周囲に育児に関して相談できる人もなかなかいません。大家族でも、時代の変化が激しい今、先の世代の経験からのアドバイスはそのまま通用しなくなっています。

書店にたくさん並んでいる育児書は、著者の家庭が裕福でついていけなかったり、もともと子どもが優秀だったりと、いずれも帯に短しタスキに長しの感があります。

多くの人が参考にできる「親の教科書」と呼べるものがあればいいのにと思っていたさなか、本書を執筆させていただく機会を得ました。ここで一番大切にしたかったのは、「育児における優先順位を明確にすること」です。

本書は膨大な数の家庭教育のアンケートやインタビューに基づいています。このアンケートは自由回答にもかかわらず、**親から受けた育児で「ありがたかった」と学生さんが答えられたテーマには多くの共通項がありました**。

たとえば「自主放任で決断させてくれた」「視野を広げてくれた」「コミュニケーション能力を育んでくれた」「勉強を強制されなかった」「自分が好きなことを探させてくれた」などは、多くの学生さんが異口同音に「親に感謝している最も大切な育児法」として挙げています。本書では、**そうした最重要のポイントを各章の中心テーマに据えました**。

一方で自分の育児を振り返ってみて思うのは、同じ両親、同じ環境で育てても4人の子どもはそれぞれ個性が大きく異なり、育児の具体論は多くの場合、画一的(かくいつてき)には語れないということです。

そこでもう一つの特徴が、**本書は子育ての一般論を押しつけない「子どもの個性に応じた多様な育児法の参考書」**であるという点です。各章で取り上げる具体的な育児論では、ときに相反する教育方針も同時に紹介しています。またすべてのアンケートのコメントに関して、完全に同意しているわけでも推奨しているわけでもありません。

私自身、自分の子どもたちがそれぞれ個性が大きく異なり、同じ育児法がそのまま通用しなかった経験から、育児に安易な一般解はない、と身をもって実感してきました。ある子どもは自主放任がうまくいきましたが、ある子どもは細かい助言、ときには強制が必要でした。ある子どもは社交的で柔軟ですが不真面目です。一方で、ある子どもは真面目ですが、ものすごく頑固。ゲームを取り上げてテレビを禁止しても勉強しない子もいましたが、ご褒美(ほうび)と組み合わせたことが効果テキメンになったこともありました。

子どもはそれぞれ個性が違い、モチベーションの源泉が違うため、**「勉強させるにはお**

カネをあげても無駄」「子どもはほめて育てよう」などの一般論は、参考にはなっても、絶対視はできません。

実際、本書のアンケートでも、自主放任を求める声もあれば、厳しいしつけと過保護なまでのサポートを求める声もありました。何でも挑戦させよという意見もあれば、子どもの本気度を見極めたうえで応援せよという考え方もあります。また、常に子どもの意思を尊重せよという声もあれば、習い事などを簡単にやめさせてはいけないという声もあります。

それぞれ一長一短がある教育方針の中、どれが効くかは子どもの個性と各家庭の個別の環境次第です。

育児には多くの成功例に当てはまるパターンはあっても、すべてに当てはまる絶対的な答えはありません。読者の皆さまには、本書の**幅広い「育児成功パターン」から、お子さんの個性に合った教育方針を、個別に選択していただければ幸いです。**

本書の第三の特徴は、誰にでも当てはまる「身近さ」にあります。本書には難しい大学教授の理論は一切登場しません。代わりに登場するのは、私がこれまでに接してきた近所のおじさん、親戚のおばさん、息子の塾の先生や学校の友だちの父兄さんなど、身近に存在する普通の人物ばかりです。

各トピックは、彼らのエピソードを数多く織り込み、実話の中から教訓を読み取るかたちで書き進めました。今までの人生で私を泣かせ、笑わせてきた普通のどこにでもいるおじさん、おばさんたちから学んだことだけに、**誰にでも当てはまる教訓を見出せる**かと思います。

私の子どもは決して天才でも秀才でもなく、上の娘2人は別として、息子2人はまったく勉強する気配のない、梃子でも机に向かわないわんぱくな男の子でした。

その**「放っておいたら絶対にアカン子」を「普通の関西のおばさん」がそれなりの大人に育てた経験からは、身近で参考になるお話**ができるかと思います。

私は、東洋経済オンラインなどでさまざまな家庭の育児相談をさせていただく中で、普通の家庭の実情から、制約が多い家庭の親御さんの気持ちまで、その苦労を痛いほど思い知らされてきました。

私自身４人の子どもの母として、京都の田舎で試行錯誤しながら子育てをしてきましたので、苦労の多い家庭のひとりの母親としての視線から本書を書き綴っていきたいと思います。

今、子育てをされているお母さん、お父さん方、これからお母さん、お父さんになっていく方々、またさまざまな状況で子育てに携わられている方々に、少しでも参考にしていただければ、望外の喜びです。

パンプキン

第1章

「主体性」を最大限に伸ばす

自分を知り、自分で決められる力を育てる

本章を読む前に——ムーギー・キム

自由に決めさせ、自分らしさを育む支援をする

「主体性を持った生き方をしなさい！」

「主体性が一番大切なんだ!!」

大きな声でこう怒鳴りつけていたのはそう、今は亡き私の父・ミスター・ビッグボイス氏（仮名／本当に声と体が大きい父であった）である。

奇しくも育児法の調査を進める中で、**最も重要な育児方針は「自主放任で主体性を伸ばすこと」という回答が圧倒的に多かった**のだが、口では「自主放任で、主体性を伸ばすことが大切」と言いながら、その行動はまったく逆、という親は、わが家を含めて意外と多いのではないだろうか？

ミスター・ビッグボイス氏は、口では「主体性が大切」と言いながら、私に焼肉屋で食

事や飲み物のメニューひとつも決めさせてくれなかった。また、子どもが何を言っても父親の結論に口出しさせない京都一の頑固さを誇っていた。

私の進路に関しては口出ししなかったが、それは単に母親に任せきりだっただけである。具体的なアドバイスや選択肢をくれたわけではなかったが、とにかく「最低限、どこかの大統領くらいにはなれ！」と大きな気球だけはぶち上げていた。

主体的な子どもを育てたいと願いつつも実際の教育方針は正反対、という困った家庭をこれ以上生み出してはいけない。そこでしょっぱなを飾る第1章では、**主体性とはいったい何なのか、またどのようにして養われるのか**に関して議論しよう。

今回のアンケートによると、主体性を育むための具体的な育て方のキーワードとして以下の声が聴かれた。

自由に決めさせる

1　自由を与え、自分を探させる

2　子どもに目標を設定させよう

3　進路に関し、子どもの意思を尊重せよ

助けすぎず、サポートする

4　自主性は尊重しても、アドバイスは十分与える

5　選択肢を示し、最終選択は子どもに任せよ

6　過保護に育てない

自分らしさを育む

7　個性を尊重する

8　「人に迷惑をかけるな」より「役に立て」

9　「小さいこと」から自信をつけさせる

自主性・主体性・決断力は将来のリーダーシップのために不可欠な資質である。実際、**国際的企業での採用面接でも、年末のボーナスを決める評定でも〝自主性があったかどうか〟〝セルフスターターかどうか〟という基準が重視されている。**

なお、香港大学で教育学を学んだ香港人の友人曰く、教育学では最近まで「主体性の有無」が長期的なキャリアでの成功を左右する最も重要な要素だとされていたという。

確かに私が接している一流のリーダーたちを見ると、自分で主体的に次々と目標を立てては決断して仕事を前に進めていくが、ダメな二流エリートは上から言われたことしかできないので常に仕事が受け身であり、面白い仕事を自分でつくって会社に対し自主的に貢献の幅を増やして出世することができない。

一流の人材は周りに流されず自分の確固たる基準でぶれない判断ができるし、他人と自分が違うことに不安を感じず、自信満々にリスクを取って決断していく。彼らは英語でいうところの"Self-Awareness"（自己認識）を確立しており、自分にとって何が大切なのか、自分は何をやりたいのかを知っているのだ。

これに対し二流のエリートはいつまでも上司の判断を仰ぎ、周りが同じ意見であるかどうかだけが判断の基準である。

彼らは協調性を過度に重んじるので周囲に迷惑はかけないものの、自信と主体性が皆無で、単なる会社のコマで終わってしまうのだ。

このテーマを書き進める中で、ゴールドマンサックスやマッキンゼーといった国際的な一流企業で若手の出世頭だったにもかかわらず、自らＮＰＯやベンチャーに移ったり、起業してさらにその分野で早期にリーダー的な存在に駆け上がった友人たちに、自らが受けてきた家庭教育の特徴を幅広く聞いた。

そこで一番多かった回答は、「自分にとって何が大切で、自分は何が好きなのかを常に問い続ける教育」であったということだ。

家庭や学校において「勉強しなさい」ということは言われなかったが、ことあるごとに**「自分は何が好きで、何をしたいのか考えなさい」**と幼少期から促され、自分を見つめる習慣が身についていたという。

自分にとって何が大切で、自分は何をしたいのかを知り、周りに流されず主体的に人生を切り開く一流の子どもたち。

この、リーダーとして成功するうえで不可欠な主体性を、世の素晴らしい家庭教育の達人たちはどのように育んでいるのだろうか？

以下では、自己実現のための要（かなめ）とも言える「主体性」を伸ばすための具体的な教育法を、
ミセス・パンプキンと皆さまとともに考えていきたい。

1 ▼ 自由を与え、自分を探させる
――自分で決断させて、自己認識を深める

アンケート結果

自由が育む主体性

私の両親の教育方針は、「自分の生きたいように生きろ」です。学校での成績、進路について指図されたことは一度もありません。だからといって無関心というわけではなく、常に私のことを心配し、応援し続けてくれています。

私はこの教育方針に感謝しています。自分が経験してきた道がどうであれ、**自分で決めた道であるから、真剣に反省し、努力し続けることができる**と考えています。

（東京医科歯科大学大学院生命情報科学教育部Sさん）

自由放任で、やりたいことを探させてくれた

両親の良かったと思える点は、私を自由放任主義で育ててくれたことです。それによって、早い時期から自分のことは自分で決めるという癖がつき、自分に対する責任感を得ることができました。

たとえば、**両親から「勉強しろ」「あの高校に行け」などの強制的な指導・命令は一切受けたことがありません。**習い事においても、両親は無理に押しつけようとせず、私のやりたいことを自分で探させ、やりたいと言ったことは支援してくれました。

（東京工業大学Tさん）

自分で決断できる人間に育ててくれた

小学校低学年まではピアノ、書道、英語など、両親の勧めで習いました。高学年になると、私が好きになれないものには、やめる自由が許されました。

中学生になってからは、**塾や高校の選択権も私にあり、両親はおカネを出すだけでした。**高校生になってからは授業料や生活費を渡され、おカネの管理も自分でするようになりました。

それで親が自分に対し、どれだけ投資してくれているかを強く感じました。両親は私を「常に自分自身で決断できる人間」に、育てたかったのだと思います。

（早稲田大学政治経済学部Kさん）

自主放任で主体性を伸ばせ
――「自分が好きなこと」を探させる

子どもに自由に決断させてこそ、子どもの自主性・主体性が育つというのは、本書で第一に強調したい、大切な教訓です。**「自分にとって何が大切で、自分は何が好きなのか」という自分探しと、「自分で決断できる力」を養ってあげるには、好きなことを自由に探させてあげることが大切です。**

親が手取り足取りものを決めて、子どもがそれに従うだけだと、「自分で考えずに人の言うことに従う」決断力のない、受け身一辺倒の子どもになってしまいます。

このたびのアンケートで一番多かった回答の一つが、家庭教育は自由放任で、習い事や進路の選択権も自分にあったというものでした。

そのことに感謝し、親から自分への信頼の篤さを感じ、何ごとにも主体性と責任感をもって取り組むことができたというのです。

私自身、失敗経験から、**「親が習い事を勝手に決めない」**ことの大切さを痛感していました。ピアノや水泳など、どの子にも5～6種類の習い事をさせましたが、すべて私が勝手に決めて通わせました。

生真面目な上の二人の娘たちは好奇心も旺盛で、どんなことでも楽しんで通っていました。遊び盛りの息子たちも姉たちの影響で、すべての習い事が〝義務教育〟のようなものと思っていたらしく、当然のように習い始めました。

しかし**押しつけられた習い事は長続きしません**。お友だちから得る情報が多くなる小学校に入ってしばらく経ったある日のことです。長男が「新発見」をしたという興奮で顔を紅潮させ、家に駆け込むなり「お母さん、ピアノって、べつに習わなくてもいいのやって！」と私に叫んで〝教えて〟くれました。

今思えばお恥ずかしい笑い話ですが、それまでは嫌がる息子に、「法律でピアノ学習は義務付けられている」と信じ込ませていたのです。それからはレッスンにまったく身が入らず、まもなくやめていったのでした。

他にもすぐやめることになったお習字も、〝こんなことができる子になってほしい〟という私の夢を勝手に託して通わせたものでした。

ですが、子どもが**「親に無理やりやらされている」と思っているうちは、何をやっても主体的に取り組まない**ものです。

反対に、アンケートでは「幼児期の習い事から子どもに選択させた」という家庭が多くありました。

こうした家庭では、一事が万事で、**日々の生活全般において、子どものことは子どもに決めさせる**という親の方針が子どもに伝わっています。

そして人生の最初の関門である中学の受験や、その前の塾の選択をする時期には、受け身で育ってきた子とは歴然とした差がついており、すっかり〝自分の進路を自分で決める〟準備ができています。

わが家で幸いだったのは、中学以降はまったくの自主放任に転換したことです。わが家では、子どもが中学生になると、ほとんどのことを本人に任せました。

苦手な教科だけ学習塾に行かせたり家庭教師をつけたこともありましたが、本人がやめると判断したときは、早々にやめさせました。小学生時代のように、親の考えで無理に続けさせるのは逆効果だと判断したのです。

親はわが子を、ついいつまでも子ども扱いしがちです。しかし、**子どもを大胆に信じ、決定権を広く認めていく**ことが、自分の価値観（自分にとって何が大切で、自分は何が好きで、何をしたいのかという自己認識）を育むうえで非常に重要です。

自分で決断することを覚えさせなければ、子どもの人生から自主性・主体性を摘み取ってしまい、将来、自分が何をやりたいのかわからず、何も自分で決められない、リーダーシップのかけらもない大人になってしまうのです。

2 ▼ 子どもに目標を設定させよう

——「嫌なゴール」に向かって頑張る子はいない

アンケート結果

「決定権」が自主性と思考力・決断力を養ってくれた

私の両親は、私に関する重要なことは私に決定させるという教育方針でした。決定を下すということは常に次の展開や将来のことを、自分で仮定したり目標を定めていないとできません。さまざまなリスクを考えながら物事を仮定し、目標を定め、そのための最善の方法を選択・決定するという思考の繰り返しは、**私の思考力や決断力を養い、自主性が身についた**と思います。

（東京工業大学工学部Oさん）

具体的な目標を立てさせてくれた

私の両親はどんなときでも必ず私に自主的に、具体的な目標を立てさせてくれた。お小遣いをもらう際にも、「このお金はなぜ必要なのか」「どんなときに使うつもりで、そのためにどの程度金額が必要なのか」を説明させた。**このことにより意思決定のスピー**

ドが上がるとともに、自分の意思決定に対して自信が持てるようになった。

（一橋大学法学部Ｉさん）

自分で目標を設定すると集中力が違う
――親の考えで習い事を押しつけない

自主的に考えられる人間に育てるには、まずは子どもに自分の目標を設定させることが出発点です。**辿りつきたくもないゴールに向けて自主的に努力する子どもはいません。**

今回のアンケート結果でも、多くの家庭で「子どもに目標を設定させる」ことが重視されていることがわかります。

わが家でも子どもは自分で進むべき目標を自分で決めると、そのためにする勉強の集中度は、目標が定まらないときに比べると別人でした。大学受験のときは目標が定まらず、漫然と勉強していた子も、会計士になる、ＭＢＡを取ると自分で目標を定めたときは、見違えるように勉強しました。

自分で目標を決めたときの子どもの頑張りは、親の想像を遥かに超えたものです。末っ子は自分の意思でアメリカで大学受験をしたのですが、そのときは猛勉強しました。当時、アメリカで末っ子の周りにいた友人たちが、夜中でも図書館にいたことはザラだったと教えてくれたものです。日本で私が無理やり勉強をさせていたころには、自発的に机に向かうことなど決してなかったので、まさに別人です。

彼はアメリカの大学を卒業すると金融機関で働き、そして数年も経たないうちに、今度は弁護士になるための勉強を始めると言い出しました。その後、相当な努力をして息子はかなりの短期間でニューヨーク州の弁護士になりましたが、**この頑張りも自ら目標を決めて取り組んだからこそ**です。

親の監視を潜（くぐ）り抜けてファミリーコンピュータに明け暮れ、義務教育のときは学校の宿題をほぼすべてサボっていた長男も、社会人経験を経て30歳前後でＭＢＡを取ると決めたときは、別人のように集中していました。

弟に言わせれば、長男はすでにＭＢＡを取った人たちが目指す会社を渡り歩いているのだから、そのまま働き続ければいいのにということでしたが、いったん目標が定まると、誰の言うことも聞かないのは兄弟よく似ています。彼は初めて強い希望を持って別人のように集中して勉強し、留学先でとても多くのことを学んだようでした。

寅年の次女は、キャリア目標が決まるまでは、国際交流機関に勤務しながら家ですべての阪神戦を観戦するなど、相当のんびりした生活を送っていました。ですがいったん目標が定まると獲物を狙うトラのような集中力を発揮し、競争率がとても高かった時代の公認会計士に、準備期間1年弱で一発合格しました。

この子どもたちは天に誓って特段優秀ではなく、お世辞にも努力家とは言いがたいのですが、自分で決めたことに関しては想像を絶する集中力を発揮しました。

子どもの自主性と責任感、そして集中力を引き出すために、自分で目標を設定させることがいかに大切かが見て取れます。

親の希望で無理やりやらせている習い事は今すぐにでも解約し、子どもがやりたいことを一緒に見つけることに時間を使いましょう。目標を自分で決めさせることが、子どもの主体性を最も引き出すのですから。

3 ▼ 進路に関し、子どもの意思を尊重せよ
――重要な決定は子どもに下させる

アンケート結果

意思を尊重してくれたことが、人格形成に大きく影響

幼少期から高校時代まで一貫して、私の意思を尊重してくれた両親の教育方針があって初めて、今の私が存在していると思います。特に幼少期から、**何でも私が好きなように決めることのできる環境を提供してくれた**ことによって、自らの決定に対する責任感が育まれました。

（東京大学大学院工学系研究科Ｍさん）

重要な決定事項をゆだね、考える力を養う

私の両親は進路を含め、重要な決定事項を私にゆだねるという教育方針を取っていました。その「自分のことは自分で決める」ということが、私という人間を形成したと考えています。

例を挙げると、大学進学に関しても私がすべてを決定し、両親はその決定に賛成した

だけでした。実は、私は両親に助言を求めたのですが、**「自分で考えて、後悔のない選択をしろ」**と言われただけでした。

（東京工業大学工学部Oさん）

思い切って任せ、責任を取らせる

自由に進路を選択させてくれたことに感謝している。塾に行くか、どこの中学に入学するか、理系文系の選択、大学や学部の選択など、教育に関するありとあらゆることを、小さいうちから私の自主性に任せてくれた。親はまったく口を挟まなかった。

危ういとはわかっていても、思い切って子どもに進路選択を任せること。そして**子どもに責任を取らせること**。そうすることで、子どもは自分の将来について真剣に考え行動するようになるのだと思います。

（東京大学大学院Oさん）

進路を押しつけると、子どもの人生が破綻する

——子どもが持ち続ける「後悔の種」

将来を左右する重要な進路を幼い子どもに決めさせるには勇気がいりますが、親にできるのは、子どもに進路選択の判断材料を与え、最後は子どもの意思を尊重することです。

このアンケートに協力してくださった学生さんたちは、いわゆるエリート大学に進学された学生さんたちばかりです。その**多くの家庭では、「進路を子どもに決めさせた」ことがわかりました**。一方でここに登場することのない、進路に関する意思を尊重されず、目的を失ったかのような人生を歩んでいる若者を、私は何人も知っています。

不本意な進路を押しつけられてつぶれてしまった才能は多く、そんなときの親への恨みも深いものです。ツトム君（仮名）は幼いころから私がよく知っている子どもさんです。大きな病院の3代目を継ぐ運命を背負って生まれました。ときどき会う機会がありましたが、利発で、育ちの良さを全身から発しているようで行儀がよく、しかも努力家で素直で、みんなの人気者でした。

お母様は教育ママの中でも横綱クラスでした。いくら親が教育熱心でも、勉強するのは本人です。どこで何がうまくいかなかったのかわかりませんが、ツトム君は高校受験で第1志望校にも第2志望校にも行けなかったのです。

それでも大学の医学部に三浪までしてチャレンジしましたが、本人の意思による選択だったかどうかはわかりません。

彼のそのチャレンジは、ことごとく失敗に終わったようです。彼はすっかり人生の目的を見失った人のような道を歩いているそうです。**利発で努力家だったツトム君をあのようにしたのは、母親が進路を押しつけ、厳しすぎたから**だともっぱらの評判です。

母親にも事情があったことはわかりますが、文字通り元も子も失ったのでは、どうしようもありません。

他にも、私の友人の絵美さん（仮名）も、大学は医学部以外なら行かせないという厳しい父親の方針で育ちました。医者になることにまったく興味がなかった友人は、一浪して二度は医学部に挑戦しましたが、その後はさっさと大学をあきらめ、働き始めました。よい家庭を築き、私たちには申し分のない人生を送っているように見えるその友人ですが、実は彼女は美術に才能のある人でした。あのとき父親とケンカしてでも志を貫き、美大に挑戦するべきだったという後悔は、今も消えることがないそうです。そして父親への想いは屈折したままだと言います。

わが家でも、子どもが幼いころはかなり上から押しつける教育をしました。しかし幸い、中学に上がってからは路線を変えて、子どもの判断にすべて任せるようにしたことが功を奏しました。

小学生時代に習い事を押しつけていたときからは打って変わって、中学以降の勉強や進路選択面はノータッチでした。ここでやっとわが家でも「自由放任だった」と声を大にして言えるのですが、それは子どもを全面的に信頼していたからではありません。

子どもたちと密に接する中で、**自分は子どもたちより圧倒的に情報音痴で時代遅れ**だと自覚できていたので、進路に関して口出ししすぎると、かえって足を引っ張ることになると思ったのです。

私は、「親が知らないことやわからないことは、子どもの自主性に任せる」「子どもに反対したことが間違いだと気づいたときは、即それを認め撤回する」ということを常に意識してきました。**世間知らずで時代遅れの親が子どもの未来を邪魔することほど醜く、わだかまりを残すことはない**からです。

結果的に、多くの優秀な学生さんたちの家庭と、「親が進路を押しつけない」という点だけは共通していたようです。

4 ▼ 自主性は尊重しても、アドバイスは十分与える
――「任せるだけ」では育たない

アンケート結果

自主放任も、度が過ぎれば単なる放置

両親は、よく言えば自主性に任せてくれたが、あまりにも助言がなく、もはや放置状態だった。**社会人としてのアドバイスや考え、スキル、知識を提供してほしかった。**

（東京大学大学院経済学研究科Nさん）

大きな裁量を与える前に、指南がほしかった

私の家庭では、将来に関わる決定はすべて子に任せるという教育方針を貫いてきた。

たとえば、高校卒業時に**大学4年間で必要な学費・生活費が一括で渡され、その利用法や運用法は完全に任されていた。**ただ、将来決定の裁量権が大きすぎるために、大きく道を踏みはずしやすく、小学・中学時代などは指南してほしかった。

（東北大学Hさん）

「自分で決めろ」の一点張りだったことが不満

両親の教育方針は、「自分で成長しなさい」に尽きると思います。私は中学から塾に通い始めましたが、それは両親から強制されたのではなく、自分の意思でした。また、すべてがその方針でしたので、自分ですべてを決めなければならず、塾選びはすごく悩みました。

親に相談しても「自分で決めなさい」の一点張りで、実際失敗したなと感じる選択もあったので、**もう少し子どもにアドバイスをしてほしかった**なと思っています。

（中央大学Mさん）

「放任」と「放置」は違う
──親のアドバイスは、成人してから効いてくる

自由に目標や進路を決断させ、意思を尊重することが主体性を育む基本だと論じてきま

したが、**もちろん「自主放任」と単なる「放置」は異なります。**

アドバイスもないのにいきなり情報や思考力が未熟な子どもにすべてを決めさせ、うまくいくのは極めて稀です。アンケートに回答してくれた数多くの方々も、「放任と放置は違う」と答えてくれています。


親が一方的に子どもにいいと思われることを決めつけて、ぐいぐい引っ張っていくほうが楽ですし、時間もかかりません。ですが、**これでは子どもの自主性が育ちません。**

一方で、「すべて子どもの判断に任せる」として、親として何のアドバイスもなく放置するのは、過保護な親よりはましなのかもしれません。

しかし「親からの助言が一切なく、苦労することが多かった」「もう少し助言がほしかった」と不満を持つ学生さんが少なくなかったように、これは一種の親の居直りであり、育児の責任放棄です。親の経験や広い見識に基づくアドバイスがあれば、子どもは長期的に見てよい選択ができることも多くなります。


わが家では、あまり細かいアドバイスはしないようにしていましたが、**方向性だけは夫が強く「助言」していました。**

彼は子どもが幼いころから、「大きく生きなさい。人の上に立って、人の役に立つ生き方をしなさい」といつも言っていました。この「大きく」の内容が大統領を目指すくらいの夢を持てということだったので、子どもたちが将来どんな職業に就こうと、きっと夫は満足しないだろうという危惧が、私には常にあったのですが。

また、夫は小学生の子どもたち相手に、「食べるためにだけ働いたり、給料の額だけを基準に働くのはつまらない。夢のある仕事をしないと必ず後悔する」と壮大な話をよくしていました。大それた話にも聞こえますが、実は子どもたちにとっては意外と人生の岐路で、道標になったようです。

後年、たとえば末っ子は、海外の金融機関のかなり高給のオファーを断り、弁護士資格の勉強を始めるなど、次々と私の理解が及ばない挑戦を続けています。彼は進路選択を迫られたときは、**父親の言っていた「夢のある仕事、人の役に立つ仕事」を選択の基準にしてきて、いつもそれが正解だった**というのです。

超現実主義者の私から見れば、夫の言葉は、幼い子に通じるはずがない大言壮語にしか聞こえない夢物語でしたが、案外夫は、無駄に希望の風船を揚げていなかったのだなと、今では思っています。

子どもに夢や希望を吹き込むことは、広い視野をもたせることにつながりますし、子どもたちに「野心」をもってものを考えられるようにする手助けになります。

子どもに言って聞かせたいことがあるときは、年齢をそれほど考慮する必要はありません。聞いた時点では、伝えたかったことが全部理解できなくとも、輪郭だけ伝わることもありますし、後年思い出して納得できることもあります。

何よりも、助言を後回しにするうちに、子どもに話してやる機会を逃してしまうことだけは、避けたいものです。

5 ▼ 選択肢を示し、最終選択は子どもに任せよ

——選択の連続で判断力が養われる

アンケート結果

「可能性」は示しても、決して強要しない

私の両親は決して私に対して、「何かをしろ」と強要したことはありませんでした。あくまで、私に**実行可能な具体的な可能性を示唆するだけ**であり、実際に決定をくだすのは常に私自身でした。

そして常に自分で物事を決定するという過程を通して、他の可能性はないのか、と自分で考えられるようになり、可能性を主体的に自分で模索するという姿勢が身についたと考えています。

（慶應義塾大学大学院理工学研究科Kさん）

考えるための「材料」を探してくれた

主体性を伸ばすために重要なのは、「人生の選択において、いくつもの選択肢を提示したうえで子どもに選択させること」だと思う。

私が何か大事なことを選ばなければならないとき、両親はいくつもの選択肢を提示してくれ、どれを選択するかは私に任せてくれました。たとえば塾に通う時期になると、両親は**いくつかの塾を調べて、塾ごとに違うカリキュラムや実績などを教えてくれました。**そして「塾に通ってどうなりたいか」を何度も問いかけ、どの塾に通うかは私が選択しました。

このような両親の教育方針のおかげで、私は自分を客観的に見ることができるようになり、加えて、主体的に行動できるようになりました。

（京都大学法学部Tさん）

「個性に応じた選択肢」を示してあげる

——情報収集は親のほうが何倍もできる

幼少期の子どもの自主的な判断をサポートするうえで目指すべきは、「状況を客観的に伝え、選択肢をいろいろと示してあげたうえで、最後は子どもに決断させる」という態度でしょう。

小学生時代など、子どもがまだ幼いころは、親のほうが持っている情報量が圧倒的に多く、その収集能力も親のほうが優れている場合が多いです。子どもの性格や能力と時期によっては、親が率先して情報を集め、子どもの前に提示してあげるほうが、子ども任せにするより、断然いいものです。

ここでのアンケートに見られるように、**小学生の時期の塾選びの情報は、親が集めて子どもに提示するべき**だという学生さんも少なくありません。

親としては、子どもの個性に応じた選択肢を示してあげたいものです。わが家では、ピアノが弾ける子に育てたいという理由でピアノ教室に、夫婦で悪筆だから全員を習字教室に、友人が絵画教室を開いたので、教室の繁盛を願ってやはり全員をその教室になどと、親本位の理由で子どもに習い事をさせました。

水泳、そろばん、少年野球など、すべてがそうでした。上からの押しつけはいけない、という通説に反して娘たちは嬉々として通い、すべてを発展的な理由で終了しました。一方で、息子たちは水泳以外はすべて途中でやめています。

わが家で間違ったのは、娘たちとは個性の違う息子たちに対しても、（娘たちがうまくいったので）同じ習い事を親がやらせたということです。これは一つに、息子たちに習うか習わないかを決めさせると、必ず習わないほうを選ぶだろうという判断が働いたためです。

これがもし息子たちが**自分で選んだものなら、途中でやめたとしても、努力不足や責任**

感や慎重に判断することの重要さを教えることができたかもしれませんが、私は子どもの個性をまったく無視した選択肢を押しつけてしまいました。

自分の希望や得手不得手を無視して勝手に押しつけられたことですから、息子たちも単に面白くなかっただけで、教訓も何もありませんでした。

幼い子どもに情報収集までさせることは無理がありますが、親が子どもの適性を踏まえたうえで、子どもが考える材料を集めてきて、**選択肢から選ばせてあげることは、子どもの判断力を養ういい訓練になります**。

自主性を重んじることと、子どもに丸投げすることとは違います。自戒を込めて申しますが、親の責任放棄や怠慢、助言と強要の違いを、親はしっかりわきまえなければなりません。子どもの助けになる選択肢を用意して、最終的には子どもに決断させる、見識の高い親でありたいものです。

一方で、親からのアドバイスや選択肢の提供が度を越えれば、次項で論じる「過保護の罠」に陥ってしまいます。単なる放置と過保護のあいだにある絶妙なバランス感覚も、親からのアドバイスには求められているということができるでしょう。

6 ▼ 過保護に育てない

――過保護と育児放棄のあいだのバランス

アンケート結果

ときには子どもを突き放す

親に改善してほしかった点は、ある種至れり尽くせりすぎた面があり、ややもすればそれに甘えて主体性や積極性を鈍らせてしまいかねなかった点である。**ときには突き放すことも子どもの成長に必要**なのだと、僕は言いたいです。

（東京大学法学部Kさん）

「やってあげる」ことが、子どもの能力を磨く機会を奪う

私の両親は過保護な部分があり、修学旅行の準備や必要書類の記入など私は何でもやってもらってきたので、いざ自分で何かをしようとなると、何もできずに戸惑うことが多かったです。こういったことから、**「何でもやってあげる」ことは同時に、「能力を磨く機会を奪う」こと**なのだと私は強く認識しました。

（東京理科大学Iさん）

「いろんな失敗」をする機会を大事にする
――失敗は「地頭」を鍛えるチャンス

〝親からのアドバイスやサポートがない自主放任〟は、ともすれば単なる育児放棄ですが、かといって親が何もかもしてあげていたら、子どもは何もできない人間に育ってしまいます。**過保護と育児放棄のあいだの絶妙なバランスを保つこと**が親の腕の見せどころです。

もっとも、そんなことを書いておきながら、実は私は幼少期の子どもを過保護に育てた反面教師です。長男は学生時代を通じて、キャンプに行ったときなど、友人たちがチームワークよく要領よく準備している中、何をしてよいか気が回らず、見学していることが多かったというのです。私の世話の焼きすぎで自分にはできないことが多いということに気づき、私に不満を言っていました。

他にも、彼が実家を出るときに引っ越しを手伝った夫は、息子が何から動けばよいのかもわかっておらず要領が非常に悪かったと、私の過保護を怒っていたものです。

親が子どもの身の回りの仕事をすべてやってしまうと、**そのときは段取りよく物事が解決しても、長期的には子どもをダメにしてしまいます。**長男が小学校の高学年だったときに遠足や宿泊の用意を当然のように私がしていましたら、次女が、「そんなこともさせないで、どんな子に育てるつもり？　一生してあげられるわけでもないのに」と呆れていたのを思い出します。

何ごとも自分でやらせるよりやってあげたほうが早いので、忙しさにかまけて、私はいろんなことを代わりにやってしまっていました。今から思うと、**自分でさせてもそこまで時間がかかるわけでもない**ですし、長い目で見れば、子どもが自分でできることが増えるのに従って、私自身も時間の短縮になっていくわけです。それに、何よりも本人のためになるのに、当時の私はそのことに気づきませんでした。

過保護の最大の問題は、失敗を通じて学ぶ機会を子どもから奪っている点です。失敗しなければ覚えられないこと、自分ですることで覚える工夫や要領など、ありふれた日常生活の営みの中でしか学べないことがいっぱいあるのに、私は世話を焼きすぎて、そのようなことを体得する息子の貴重な機会を奪っていたのです。

いわゆる**「地頭」や「主体性」や「積極性」の育みを、親の過保護・過干渉が阻んでいる**というのは、この項の学生さんたちが言及しておられるとおりです。「真の愛情とは厳しさを伴うもの」とは、よく言ったものです。

親の子どもへの間違った愛情のかけ方は、伸びる子も伸ばさないどころか、子どもが本来持っている能力の芽まで摘んでしまいます。そしてその被害は結局、いまだに掃除、洗濯、家事全般を一切できない私の某息子のように、全部子どもが背負わねばなりません。

Ⅲ 自分らしさを育む

7 ▼ 個性を尊重する

——「人と違っていてもいい」と教えよう

アンケート結果

周りに振り回され、自分を見失わないように

私の両親は、私自身がどう感じるのか、何をしたいのかを大事にするように私に言い続けました。私が周りのものに振り回されて自分を見失っていると、とくに父からよく叱られました。常に自分を中心に置き、**自分が周りをコントロールするくらいの気概を持つべき**だと言われました。自分を見失いそうになるとき、私はこの言葉を思い出して原点に戻り、自分自身を立て直しています。

（早稲田大学政治経済学部Kさん）

自分が今何をするべきか、人真似せず考えることを要求された

私の父は、**私が今何をするべきか、常に自分で考えることを要求する**人でした。それは私が幼いころからの父の方針で、慣れるまでは友だちを真似たり、あまり考えずに行動して、よく厳しく叱られました。父親に反抗しそうになったこともありますが、いつも母親がかたわらでフォローしてくれました。今では物事を主体的に考え、自分の意思をはっきり持って行動できるようになりましたので、父にも感謝しています。

（東京大学大学院Iさん）

人と違うことを恐れるな

常識にとらわれず、**自分で考えた結果を尊重するよう意識づけさせられていました**。人と違うことを恐れなくていいとアドバイスされました。

（東京大学大学院Hさん）

「みんな」が間違っていることもある
——協調性ばかり教えると、「ことなかれ主義」になる

自分で考え、行動する主体性を身につけさせるうえで大切なのは、私たちの社会に蔓延しがちな「同調圧力」に負けない子育てをすることです。アンケートでも多くの学生さんのご両親が**「他人と違うことを恐れるな」と教えていること**に勇気づけられます。

クラスのみんなが言っているから、先生が言っているから、テレビの人が言っているから、という「皆が言ってるから自分もそちらに与する」という思考特性がつく前に、「皆が間違っていることも大いにある」ことを子どもに教えたいものです。**「自分の考えは何か」「自分は何をすべきか」を自分で決める習慣**こそ、主体性の根本だからです。

「協調性」ばかり重視する教育が、単に「迎合主義」「ことなかれ主義」につながる危険性もあります。私自身、両親の「何ごとも目立たず控えめに」という暮らし方を見て育ちました。ある時期に自分を振り返ったとき、失敗や後悔の多くが〝控えめ〟をはき違えて〝ことなかれ主義的な生き方〟をしてきたためであることに気づき、愕然としたことがあります。友だちを気遣って迎合することも、結果的にはお互いのためになりませんでした。真実の人間関係を築くうえでも、これはマイナスです。

一方で、わが家は自我の強い夫がいたことが、〝批判されても主張する〟強さを子どもに与えました。夫とその一族の人たちは、自分の考えや意見を堂々と述べずにはいられない性格でした。これは一見わがままで自信過剰に見えますが、そうでもありません。

私のような迎合型に比べると、正直で、いつも本音で真剣に人と接していることになります。そして他人に振り回されることなど、まずあり得ません。

夫はまた、テレビや新聞のニュースがいつも正しいとは限らないとか、ある話題を取り上げては、どのメディアもこのように報道しているが、自分は違う意見だなどと、子どもたちによく語りかけていました。そして**子どもたちに「お前はどう思うのだ？」と聞き返し、意見や感想を言わせていました**。生き方についても、夢や目標もなく大勢（たいせい）に流されたりついていくだけの人間にならないよう、口を酸っぱくして言い聞かせていました。

そんな強い姿勢の父親のおかげで、わが家の子どもたちは全員、「周りに振り回されない」「批判を恐れず、いつでも自分の意見が言える」ことにかけては、うまく力をつけたほうだと思います。「何ごとも控えめに」を家風として育った私一人で育てていたなら、このようにはいきませんでした。

他人に合わせる協調性の教育も大切ですが、それだけではいけません。周りに流される、主体性のない子どもに育ってしまう危険性があります。

もちろん謙虚さや協調性は大切ですが、（間違った）他人に振り回されるくらいなら、振り回したほうがまだましです。他人がどう思おうと、**ときには「全員が間違っている」と思い込める強さ**も、主体的な生き方には大切なのだと思います。

8 ▼ 「人に迷惑をかけるな」より「役に立て」

——過度な慎重さより、志が大切

アンケート結果

「人の気持ちを考えろ」で消極的になった

父が警察官ということもあって、人に迷惑はかけるな、人の気持ちを考えろといつも言われて育ちました。ただ、「人に迷惑をかけてはいけない」としつこく教育されたため、

いつも人のことを考える癖がついて消極的な性格になってしまいました。

（一橋大学商学部経営学科Fさん）

リーダーの共通点は「人の役に立つ人」

私は子どものころ、人のあるべき姿について根気よく教育されました。「人に迷惑をかけてはいけない」だけでは不十分だという教育です。たとえば、ニートが「他人に迷惑はかけていない」と主張する場合があるが、税金を納めていない面では迷惑になっているのに、表面化しにくい。

だから**「迷惑をかける人になるな」より「人の役に立つ人物を目指せ」という教育をしてくれた親に感謝しています**。キング牧師、マザー・テレサ、徳川家康などさまざまな「リーダー」と呼ばれた人物の一つの共通点は「人の役に立つこと」だったからです。

（慶應義塾大学医学部Hさん）

「迷惑をかけるな」ばかりだと、子どもが萎縮する

——人を引きつける「大志」を持たせる

「他人に迷惑をかけてはいけない」とうるさく言ってしつけたため、子どもがすっかり萎

縮してしまって困っているという親御さんからの相談を、何度も受けてきました。

迷惑をかけない心がけを子どもに教えることが大切なのは当然ですが、呪文のように言い聞かせて、そのやる気まで奪うのは、本末転倒です。**「迷惑をかけない」だけを目指していては、過度に慎重になり、主体性が育ちません。**

そもそも他人に迷惑をかけないで生きることなど可能でしょうか。多くの人から尊敬や信頼を集めている有名人やノーベル賞の受賞者でさえ、多くの犠牲のうえにその偉業があることに言及されます。そして多くの「犠牲者」とされた人たちにその自覚はなく、その偉業の共有者として、成功を喜び合っておられる場合が多いものです。

大志のあるところには支援者も集まるものです。大切なのは「迷惑を迷惑とも感じない人」を引き付けるほどの、社会に貢献するビジョンを持つことのように思います。

志の高い人は、大事の前では、他人への迷惑や犠牲などで足踏みすることはありません（程度はありますが）。逆に努力を惜しむ人ほど、小さい障害を理由に、もっともらしい理由をつけて何もしないものです。

困ったときは助けを求めるのも勇気の一つですし、それこそ、「大人として自立するための条件」と言う人さえいます。**迷惑をかけることを心配して何もしないよりは、迷惑をかける覚悟までもって動くべきときもあります。**

誠実に生き、志が正しければ、不思議と迷惑を迷惑と思わずに協力してくれる人が周囲に集まるものです。そういう人には、大志を達成すること自体が恩返しになります。

ですから親としては、迷惑をかけないことだけを教えるのではなく、「迷惑を迷惑と思わない人」が周囲に集まるよう、**志を抱き、誠実に生きて、よい人脈をつくることを心がけるよう教えるほうが正しい**と思います。

「迷惑をかけないように」という過度の遠慮が、子どもの「主体性」や「強いモチベーション」をそがないよう気をつけたいものです。

9 「小さいこと」から自信をつけさせる

――小さな自信が「伸びしろ」をつくる

アンケート結果

子どものころの「優位体験」が自信につながる

小学校低学年での学業における優位体験が、自信につながった。漢字や九九などスパルタで教わったことで、常にクラスでトップになり、それを維持するために自主的に努力するという循環が生まれた。また、**幼いころにトライアスロンを経験させてもらい、大会で何度も優勝できたことで自信がついた**のもよかった。

（東京大学経済学部Aさん）

「一芸に秀でた人間になりたい」という刺激をもらいました

私の母親は、小さいころからずっとピアノをやっており、音大を出てピアニストを目指していました。その影響で私は、芸術家やスポーツ選手のように、一芸をもって活躍する人物に対して強い憧れがありました。母は厳格な性格で、私は小さいころからとても厳しく育てられましたが、**ピアノという突出した能力を持って、だからこそ輝いている母親を尊敬していました**。

高校で進路選択をする際、自分もこのように一芸をもって活躍する人物になりたいと考え、大学はその専門分野の能力を磨く場だと思って真剣に選ぶことができました。

（東京大学大学院工学系研究科Tさん）

「文武両道」の教育だった

両親は教育方針について「文武両道」と言っていました。ただ、実際には塾には行きましたが、勉強しろとは言われたことがありません。小学校から高校まで野球に打ち込むことを応援してくれました。**集団競技の野球を続けられたおかげで、協調性や目標に向かって努力する集中力を養い、自信をつけることができました。**

（一橋大学Nさん）

一芸に秀でることが、飛躍につながる

──消極的な子どもはどうすれば変わる？

どのような分野でもいいので、幼少期の子どもに自信を持たせることは、その後の長い人生全般にわたる自主性・積極性を育みます。

アンケートでも、**幼少期の学業やスポーツでの自信が成人しても継続した**と回答している方が複数いらっしゃいましたが、一芸に秀でている人は、他のことはそれほどできなくても、人間的に自信が備わっていて、うらやましいほどに充実した気持ちで人生を送ることができているようです。

私の幼いころの友人で、学生時代に、謡に合わせて踊る〝仕舞〟の稽古を始めた人がいました。マイナーな趣味だからと恥ずかしがって、皆には内緒にしていたといいます。その頑張りがすごいのですが、彼女は結婚後も続けていて、やがて師匠となって、68歳のいまもたくさんの弟子を抱えて飛び回っています。

50年ぶりの同窓会で会いましたが、中学校の教室ではいるのかいないのかわからないほど存在感の薄かった人が、誰よりも輝き、生き生きと仕事の話をしていて、とてもまぶしかったです。

特定の分野で得た自信や教訓のおかげで、その後の大きな飛躍につながった例は、私の子どもの事例でも実感できます。

わが家の末っ子は長いあいだ、勉強も生活習慣も、すべて受け身でした。家で遊ぶときも、いつも兄にくっついて遊んでいました。

そんな彼が変わったきっかけは、柔道の黒帯です。中学に入り、部活が始まったとき、彼は柔道部を選びました。幼児期より彼は、柔道が得意だった父親から、柔道の手ほどきを受けていました。身長の伸びに合わせて何着も使い古した彼のネーム付きの柔道着が家にありますので、親子の柔道は遊びの域を越えていたようです。

きっと柔道部では、彼は初めて柔道をする子よりは抜きん出ていて、やる気につながったことでしょう。彼自身、柔道でずいぶん強くなれたことから、**「他のことにも積極性が増して、何をするにしても『やればできる』という自信が芽生えた」**と言っています。

その後彼は高校に入った途端、突然アメリカ留学を決意して飛び立ちました。何をして遊ぶかということまで、兄が決めた通りに従っていた子が、家族の誰もが晴天の霹靂（へきれき）と驚くほど突然に、子どもたちの中で誰よりも先に家を巣立つ行動を起こしたのでした。

いつも兄の後ろで受け身だった彼は、自分で切り開いた留学を成功させ、アメリカで希望していた資格を取り、就職しました。

留学中の数々の困難を独りで克服していく力は息子の場合、自分で打ち込んで黒帯をとることができた柔道がきっかけで身についたものでした。

幼少期からスポーツや一芸に親しませることは、子どもをスポーツ好きにしたり、部活で活躍するきっかけになるという以上の大きな効果があります。一つのことに打ち込み、継続し、上達することで自信と協調性を学び、主体性やリーダーシップの基礎が養われるのです。

第1章のPOINT

自分で決めさせよう――「主体性の有無」は、出身大学と無関係

日ごろから親しくしている一部上場企業の元部長さんは、「新入社員を多く教育してきたが、一を聞いて十を知る地頭のよさや社会人としての常識の有無と、出身大学のランクは驚くほど関係がない」とよく言います。

「自分で考える力がなく、人から指示されなければ動けない一流大学出身の新入りが多い。受験のような与えられた課題に集中して取り組むのは得意で、その流れで一流企業に就職することまではできたようだが、社会人としての基礎知識から教えねばならないことが多い」と嘆くのです。

これから、「主体性」をつくる教育については、ますます真剣に論じられるようになっていくのではないでしょうか。

第1章では、子どもの「主体性」が、どのような環境で育まれているかを見てきま

した。ここで、1章の内容を振り返ってみましょう。

自由に決めさせる

1．自由を与え、自分を探させる

子どもに選択の自由を与え、主体的に決断をさせていますか？　自由に決断させなければ、自分にとって何が大切で、自分は何が好きなのかを見つけられません。結果的に、他人に決めてもらわなければ何も決められない、受け身の人間になってしまいます。

2．子どもに目標を設定させよう

子どもに目標を設定させていますか？　親が上から目標を押しつけても、子どもは本気では頑張りません。子どもが自分で目標を設定したときの頑張りは、まさに別人です。

3．進路に関し、子どもの意思を尊重せよ

子どもの意思を尊重していますか？　進路など重要な決断に関して子どもの意思

を尊重しないと、親子関係に大きな禍根(かこん)を残します。

助けすぎず、サポートする

4. 自主性は尊重しても、アドバイスは十分与える

子どもにアドバイスを十分与えていますか？　自主放任と、単なる放置は大きく異なります。

5. 選択肢を示し、最終選択は子どもに任せよ

子どもに、適性を考慮した選択肢を与えていますか？　ただし選択肢を押しつけるのではなく、最後は子どもに選ばせましょう。

6. 過保護に育てない

過保護に育てていませんか？　過保護は長期的に見て、子どもの成長力を著しく阻害します。子どもをサポートすることと、過保護に陥ることのあいだにある絶妙なバランスを取るのも、親の大切な判断です。

自分らしさを育む

7. 個性を尊重する

子どもの個性を尊重していますか？　周りと合わせさせすぎず、「人と違ってい い」と教えることで、周りに振り回されずに自分で考える強さが身につきます。

8. 「人に迷惑をかけるな」より「役に立て」

「迷惑をかけるな」とばかり唱えていませんか？　最低限のマナーや礼儀を持つことは大切ですが、あまり強調しすぎると、「大志」を育てられません。

9. 「小さいこと」から自信をつけさせる

子どもの自信を育んでいますか？　何か一つでも「自分はできる」という自信が、他の分野での全般的な主体性や積極性に直結します。

第2章

「視野」を広げ、天職に導く

選択肢を増やし、得意分野に進ませる

視野を広げる習慣を持たせ、天職を探させる

本章を読む前に——ムーギー・キム

「視野が広がったことが、MBAに行って一番よかったことだよ」

これは私が以前働いていた外資系の金融機関で、そのときの最初の上司が私に語ってくれた言葉である。

彼はスタンフォード大学MBAを出てプライベートエクイティや投資銀行でキャリアを積み、そののち巨大多国籍企業の日本法人の社長になった、能力も人格も大変優れた方だ。私が20代前半のときに、この尊敬する上司が私におっしゃったこの一言が、ずっと胸に残って私の留学のモチベーションの一つになったものである。

私自身の経験を振り返っても、インシアード（欧州経営大学院）への留学でフランスやシンガポール、そして中国で学んだ経験は私の視野と人脈を世界に一挙に広げてくれた。

留学後は実に友人が80か国に広がり、その幅もシンガポールの軍人やイギリスの政治家、モルドヴァの教育ベンチャー経営者にサウジアラビアのコンサルタント、イギリスのホテル王からケニアの弁護士まで、それはそれは一挙に広がったものだ。人間関係の広がりは、そのまま視野の広がりに直結する。

留学中は世界中から集まる同級生の多様な価値観と視点に触れ、彼らの世界各地での活躍や自己実現に刺激を受け、幅広い機会から天職を探そう、という想いが強くなったものである。

この**「視野を広げて、天職を見つけさせる」という教育は、親が子どもにできる最も貴重な教育の一つ**である。

自分が向いている仕事に就いたら、それだけで人生の9割方は勝利だ。

逆に向いていない仕事に就いてしまったら、どれだけ努力しても相当の高い確率で、不幸になるだろう。

今の時代、**子どもの視野を広げるのに成人するまで待つ必要はまったくない**。

先進的な中学・高校では、中学時代から英語漬けの授業を施し、一年間海外に交換留学に行かせたり、模擬国連のプログラムで世界中から集まる高校生とニューヨークで一堂に会してディベートを体験させたりしている。また、主要大学とコラボレーションして科学実験を体験させたり、さまざまな経営者を学校に招いて幅広い職業の話を直接聞かせたりと、10代の前半から、子どもの視野を広げて職業体験をさせ、将来のビジョンを持たせる教育機会を潤沢に提供しはじめている。

若いころから視野が広く、**自分の好き嫌い、強みと弱み、価値観を理解できている人は、将来の職業選択において天職に近づきやすい**。これに対し受験勉強だけしてきた偏差値エリートは視野も狭く自分への理解も浅いので、自分の適性をまったく無視した分野に進み、いつまでも迷走しがちである。

幼少期から幅広い経験を積ませて視野を広げることは、その後の長い人生で一生を通じて打ち込めることを探すうえでの重要な前提条件にもなる。

本書のアンケート調査でも〝視野を広げる重要性〟に関してはコメントが多く、大切なこととして以下のようなことが挙げられた。

視野を広げる

1 視野を広げ、知的好奇心を刺激する
2 読書で知見を広め、学習習慣を身につけさせる
3 「好きな本」で読書を習慣化させる
4 世界に視野を広げる

天職への道をひらく

5 「自分から興味を持ったこと」を応援する
6 才能の種を見つけて「原石」を磨く

私は視野を広げるにあたって、とくに「知的充足感を持たせる」重要性を強調したい。というのも私自身の経験を振り返ったとき、大学時代に尊敬する恩師の授業を受けて、初めて**「知的な興奮」「知的充足感」を覚え、視野を広げて思考を深めることの楽しさに気づき、ようやく自律的に勉強をするようになった**からである。

また、視野を広げるうえで、読書習慣の重要性はいくら強調しても強調したりない。私はさまざまな国のエリート層を見てきたが、**一流のリーダーはほぼ例外なく、すさまじい読書家**である。

私の同世代の友人で東大法学部を卒業したのち、ハーバードでMBAを取り、若くして世界的な巨大投資会社の支社長に抜擢された出世頭中の出世頭がいる。

そんなピカピカな彼に幼少期の家庭教育の特徴を聞くと、**「親が読書家で、いつも古本屋に一緒に行って本を買いまくっていた。結果的に家が本だらけで、時間があればいつも本を読んでいた」**というのだ。

このケースに限らず、親の読書習慣の影響を受けて本好きになったことが、その後の視野の広がりと学習習慣、そしてキャリアでの活躍の礎（いしずえ）になったと答える一流のビジネスリーダーは驚くほど多いのである。

なかには「読書術」の本ばかり読んで肝心の読書に発展しない本末転倒な困った人もいるが、**読書する習慣はその人の知識や考え方、視野を広げ、知性及びリーダーシップの成長に、決定的な影響を及ぼす**のだ。

本章の後半ではまた、視野を広げたのちに、天職の方向性を与える重要性についても議論する。子どもの興味を伸ばし、天職に近づけるサポートをすることは親の最も偉大な仕事の一つである。

ここで肝心なのは、視野を広げてなんでもかんでも挑戦させ、中途半端にたくさんできる子に育てるのではなく、**自分は何が好きで、何に才能があり、どの分野なら競争に勝てるのかに気づかせ、その道に進む道筋をつけてあげることが大切**だということだ。

大手投資ファンドの共同経営者をしているインド人の友人に、その娘の教育方針を聞いたところ、「小さいころは何でも興味を持ったことに挑戦させる」「しかしJack of all trades（いろいろ手を広げたが、結局何の専門性もない人）にならないよう、自分が得意な分野に進む手ほどきをしている」と語っていた。

このように、国や業界を問わず、世の中の立派な親御さんは子どもの視野を広げるのみならず、適性を踏まえて天職に導くサポートをしていることが多い。

以下では視野を広げ天職の方向性を知るために、世の一流の親たちがいったい何をどう教えているのか、パンプキンとともに考えていきたい。

1 ▼ 視野を広げ、知的好奇心を刺激する

——子どもが自分で視野を広げるのは難しい

アンケート結果

さまざまな刺激で、物心つく前から好奇心を育め

今の私があるのは、物心つく前からの両親による好奇心養成が非常に大きいと感じています。具体的には、**幼児期から珠算、書道、学習塾、公文式、野球等、多くのチャネルから刺激を受けた**ことです。

いわゆる〝教育ママ〟等の誹り（そし）も受けるでしょうが、埼玉の田舎町で生まれ育った私にとって最低限の知的好奇心維持がなされてきたことは、現在の私を形成するに必須の要素だったと思います。

（早稲田大学大学院会計研究科Aさん）

「海外」という選択肢を示してほしかった

両親には、私に**もう少し広い世界を見せてほしかった**です。私は地方出身だったので、地方の高校に行って大学に行くことが当たり前だと考えていました。しかし大学に入ってみると、両親の都合以外で海外の高校や大学に通っている日本人がいることを初めて知りました。

高校に行っている時点では、海外という選択肢すら思い浮かばなかったので、そのような視点を両親が与えてくれたらよかったなぁと思います。私が父親になったら、ぜひ子どもにさまざまな世界を見せてあげたいと思います。

（慶應義塾大学商学部Sさん）

知的充足感を持てる教育をするのが大切

幼少のころから、生物、化学、歴史、文学といったさまざまな分野にわたる話を、そのときどきの私の年齢に合った言葉で話してもらいました。そして、その中から私が特に興味を持ったことに対しては、**本を勧めてくれたり、その話に関して語り合う相手になってくれたりと、知的好奇心を常に持たせてくれました**。

おかげで私は、知的充足感を得たときの喜びや達成感を、そのつど経験しながら育ち

> ました。それは知的充足感を得るためには、困難な問題に遭っても簡単にあきらめず、深く追求し、乗り越えるための努力を惜しまないということを覚えることでもありました。
> （東京大学大学院医学系研究科Sさん）

自立的な学習習慣の要は、知的充足感
――子どものころに「意欲のエンジン」をつくってあげる

子どもの視野を広げることと知的充足感を教えることは、親にできる最高の教育の一つです。広い視野で世の中を見てこそ、自分が何をやりたいか、何に向いているのかがわかります。

子どもが自分で学ぶことの楽しさや**知的充足感を覚えると、その後は放っておいても自発的に学び、自律的に成長していく**ものです。

今回のアンケートでは、高校や大学で、自分が知らなかった世界を経験してきた学友に会って初めて知ったことに対して、**「自分もそのような世界を知っていたかった」**という声が聞かれました。

たとえば「無理にでもバイオリンを習わせてほしかった」とか、「海外旅行に連れて行

ってほしかった」「留学させてほしかった」「もっといろいろな職業があることを教えてほしかった」など、さまざまな意見がありました。

親はそこまで万能ではないと言いたくもなりますが、裏返してみると、子どもの親に対する期待はそれほどまでに大きいということです。

「視野を広げる」ということに関して、アンケートの回答で多かったのは、「理科や社会の図鑑や雑誌をふんだんに買ってくれた」とか、「お小遣いはもらえなかったが、本はいくら買ってもいいルールで育った」、あるいは「キャンプや旅行など、いろいろな経験ができる機会を親がつくってくれた」というものです。**こうした経験が知的好奇心を刺激し、やがては自分から勉強するようになるきっかけにもなります。**

また、アンケートでは学生さんが、ご両親が知的充足感を覚える喜びや達成感を感じさせながら育ててくれたことに感謝の言葉を述べておられます。

わが家の長男は大学時代に幅広い知識に触れて視野が広がる中で、経済や金融に興味を持ちました。その分野で高名な教授のもとで学ぶことができましたが、そこで初めて学ぶ楽しさを知り、自律的に勉強をするようになったと言います。

確かにその教授に出会った後は、あれほど勉強嫌いだった息子が学習熱を上げるようになりました。

本人自身、**「知的な充足感」を覚えることは、学習を続けていくための「エンジン」になる**と言っています。長い人生を通じて学習意欲のエンジンとなる知的充足感は、幼いころ、できるだけ早期に感じさせてあげることがよいのは言うまでもありません。

子どものころは自分で視野を広げることは難しいものです。**親の努力が子どもの視野の広さを決める**とも言えます。

詳細は次項で述べますが、視野を広げるには「良質な読書に親しむこと」「知的な刺激を与えてくれる友人や恩師と出会うこと」が必要です。

また、親自身、多様な視点や価値観を尊重できるよう「自分は無知で視野が狭い」という謙虚な現状認識を持つことが大切です。己の無知を知ることが、視野を広げて自分を知るための第一歩なのですから。

2 ▼ 読書で知見を広め、学習習慣を身につけさせる

――読書はすべての学力の基礎になる

アンケート結果

読書を勧めてくれた親に感謝

自分が両親に非常に感謝している点は、幼少期から熱心に読書を勧めて、小学生のころは**ほぼ毎日図書館からお勧めの本を借りてきてくれた**など、知見を広め、深める契機をふんだんに与えてくれたことです。

（東京大学法学部Kさん）

本だけはふんだんに買ってくれた

読書を通じて好奇心の探求を続けられる環境にあったことが、今の私をつくったと考えています。両親は幼少の私に、**興味を持った百科事典や大人用の鉄道雑誌や歴史雑誌などを惜しみなく与えてくれました**。自分が好奇心旺盛な性格に育ったのは、そのおかげだと考えています。

（一橋大学大学院商学研究科Sさん）

本を読み聞かせてくれたことが、文章読解力の基礎に

両親の教育方針で、私によい影響をもたらしたことの一番は、幼少期に数多くの本を読み聞かせてくれたことだと考えます。これにより、**文章読解力の基礎が形成され、視野も広がり、主体的に物事を考えることができるようになった**と思います。

（東京外国語大学外国語学部Fさん）

本がさまざまな世界との出会いを生む

──「どれだけ活字に触れたか」が一生を左右する

ここまで紹介してきました学生さんのアンケートの中で、最も多くの学生さんに共通していたのが、幼少時に親から本の読み聞かせをしてもらい、たくさんの本を与えられて読書習慣が身についたというものです。**読書で視野が広がり、好奇心が強まり、親から言われなくとも勉強するのが当たり前になった**という学生さんが、大変多かったのです。

アンケートでは、家での教育方針について「自由放任だった」という学生さんが多かったですが、子どものほうでは自由と感じていても、そう思わせながらも親は何か周到な誘導をしていたにちがいありません。**親が自ら勉強する姿を見せるなどで自分自身を見本に**

させたなど、いろいろなことが考えられますが、一番多いのは、この「読書習慣」を子どもにつけさせたことではないかと思います。

一流大学に合格しているにもかかわらず、親に勉強せよと言われたことがないという学生さんのほとんどが、「幼児期の親からの絵本の読み聞かせで本好きに育った」「本はふんだんに買ってもらえた」「親が切れ目なく図書館から本を借りてきてくれた」「いつも家に本がいっぱいあって、読書する環境があった」などと回答してくれています。

読書で好奇心や読解力、集中力が養われたことから、自主的に勉強するようになるという自然の流れがあったことがうかがえます。

読書の効用については至るところで皆さんも聞いてこられたと思いますが、私は読書家の友から、「魅力的な人物とたくさん出会えたことだ」と聞かされたとき、素敵な感想だと感心しました。

「実生活ではなかなか出会えない素晴らしい人と、家に居ながらにして時代や空間を超えて、本を通して出会えた」というのです。この友人は超がつく読書家です。幼少時より、お兄様方の本が本棚にふんだんにある環境で、それらを片っ端から読んだそうです。彼は

「活字は苦にならない」が口癖で、高校時代には小説を書きながら、志望校の最難関大学に合格しました。

このたびのアンケートやインタビューに接して、今さらですが、反省点だらけの私の育児の中でもとりわけ後悔しているのは、もっと親子で読書をすればよかったということです。家事を一生懸命やりすぎて忙しかったのですが、**毎日1時間くらい親子で読書する時間を捻出すべきだった**と思っています。

「それをしなさい、これはいけない」と命令口調でたくさん子どもには話しましたが、子どもの年齢と関心に合わせて良書を選び、一緒に感動する時間をつくったほうがどれだけ子どもたちにはよかったかという後悔は本当に大きいです。

「知見を広め、教養を深める機会がふんだんに与えられる」「いろいろな場面での正義や悪について居ながらにして学べる」「人生の師となる人、模範となる人と時代を超えて巡り会える」「人生を主体的に生きるきっかけが得られる」などなど、子どもの想像力を養い、視野を広げるうえで、読書ほどの〝よい友人〟は他にいないと言えるでしょう。

3 「好きな本」で読書を習慣化させる

——押しつけるから読まなくなる

アンケート結果

幼少期から本を読み聞かせてくれたおかげで、本好きになりました

幼年期に本の読み聞かせをしてもらったおかげで、今の自分が本好きになれたので、母に感謝しています。妹も**「ハリー・ポッター」の読み聞かせで本好きになりました。**本の読み聞かせは、子どものその後の読書量に、大きな影響を与えると思います。

（早稲田大学社会科学部Kさん）

まずは子どもの興味の範囲内で、読書習慣を身につけさせる

読書を重視する家庭だった。父は出版社に勤めていたので、**幼いころから本と親しむ環境にあった。**そのことは私にとって知識の吸収に一役買い、幼いころから積極的にさまざまな知識を吸収でき、成長してからは思考の基礎体力となった。

幼いころから活字に慣れ親しむかどうか、知識を吸収することに慣れ親しむかどうかは、

成長してからもその子の学習能力に決定的な影響を与えるのではないかと思う。そこで、幼いころは絵本の読み聞かせや、学習漫画を買い与えるなど、その子の興味の範囲で読書の習慣を身につけさせることが重要だと思う。

（早稲田大学政治経済学部Sさん）

親から見て「くだらない本」でも、子どもが読みたい本は読ませる

私が両親に感謝しているのは、私の望む本は何でも買ってくれたことです。当時の年齢では難しすぎて明らかに読めそうにない本、あるいは逆に、くだらない幼稚な本であっても、両親は値段も気にせずに買ってくれました。今思えば、私の好奇心を抑制しないよう配慮してくれたのでしょう。そのおかげで、現在の私は、**字を読むことにまったく抵抗感がない**どころか、常に字を読んでいないと気がすまないほどになりました。このことは、社会のことを知るために非常に役立っています。

（東京大学法学部Tさん）

「読ませたい本」ではなく、子どもが「読みたい本」を読ませる

―「自分から」でなければ読むようにならない

子どもに読書の習慣を身につけさせるのに一番効果的なのは、子どもが関心を持つ分野の本に触れさせることだと思います。

たとえば、子どもが関心を示す車のおもちゃやアニメのキャラクターの本、ないし世界の昆虫大事典でもかまいません。とにかく子どもが興味の延長線上で自然に活字に親しむきっかけを作ってあげることが学習習慣に決定的な影響を与えます。反省を込めて申しますが、間違っても**親が読ませたい本や、たまたまそこにある本を押しつけてはいけません。**

わが家では、長女が1歳のときから『クマのプーさん』が大好きでした。ちょうど絵本のサイズが普通より小さく、どこに行くときも大事に抱えて行っては、繰り返し飽かずにそれを眺めていました。シリーズの中でも第1巻がお気に入りだったものです（ちなみに、娘はある日それを東京駅の新幹線の線路に落としてしまったので新しいものを買い与えましたが、今までに馴染(なじ)んだ本そのものへの愛着まで取り戻すことはできなかったようです）。

それからは成長と関心に合わせて、世界文学全集などを次々に買い与え、彼女は私の財布の事情をかまわない速いスピードで、本をどんどん読んでいきました。おかげで2番目の子以降は、新たに本を購入しなくとも、家に在庫がたっぷりあります。ところがこれが落とし穴になったように思います。

自分の関心に合わせて本を次々に選んで買ってもらう子と、本棚にたくさんあるのだから、勝手に選んで読みなさいといわんばかりに放っておかれた子の差が出たのでしょうか。**その読書量には雲泥の差ができてしまいました**。

私自身、その昔、若者の「必読書」のようにいわれていたドストエフスキーや夏目漱石を見栄だけで読みましたが、「読んだ」というだけでそれ以上に理解が進んだり感動した記憶はありません。

ですが、それより昔、周りに本が少なかった小学生時代に、自分から好きで「リンカーン」や「ヘレン・ケラー」「ナイチンゲール」「キュリー夫人」といった伝記を読んだときは、いつまでも感動していたものです。いまだにその内容や、そこで説かれていた正義感や死闘ともいえる努力、そしてその偉業を、はっきりと覚えているほどです。

こうした体験からも、流行の本や家にある本を読ませるのではなく、**子どもの関心に合わせて本を選び与えることが、子どもを本好きにする第一歩**だと思っています。

純粋な心を持っている時期に、興味がわいた名作や偉人伝に親しむことは、人生で何人もの友や師と巡り合うようなものです。

子どものころの読書体験のおかげで、私自身大人になってからも、とくに精神的につらいときほど、眠る時間を削って大好きな歴史小説に没頭する習慣がつきました。
小説を読んでいると、自分が不幸だと感じていることも、とてもちっぽけなものに思えてきます。本から得た感動や教訓がなかったら、どれほどつまらない人生だったかと想像することもあります。

これから子育てをされる方はぜひ、子どもの成長段階に応じて、子どもが関心を持つ分野を中心に、読書に親しめる時間を大切にしてあげてください。

4 ▼ 世界に視野を広げる
――多様性教育の重要性

アンケート結果

いろいろなところに連れて行ってくれた

母は子育てにおいて、〝子どもをいろいろな場所に連れて行く〟という方針を持っているようでした。これは私に、知らないことに対する不安を取り除いてくれました。

よく覚えているのは、**小学生のときにロサンゼルスに連れて行ってもらった**ことです。向こうで母がＡＴＭからお金を引き出そうと悪戦苦闘していると、若いアメリカ人の女性が操作方法を教えてくれて、カードの暗証番号を入力するときには、それを見ないようにしっかりと体を背けていた姿が印象的でした。日本人以外の人もいい人だな、外国だからって、それだけで怖がることはないんだなと感じました。（名古屋大学理学部Ｋさん）

多様性を学ぶ教育をしてくれた

自分の幼少時代はダイバーシティ（多様性）というものを理解する多くの経験をさせてもらったと考えます。

実家が自営業を営んでいるもので、関わる相手はいつも大人ばかりでした。そういった大人の中で育つことで、いろんな物事を大人として捉えられるようになるのが人よりも早かったと感じています。

また、父の出張で中国に付いていく機会が多く、カルチャーショックを受けることがよくありました。その経験から、人の多様性を認め、適応していける能力を養うことができたように思います。

（慶應義塾大学Ｈさん）

広い世界観は、子どもの大きな財産
――半径100メートルで育てない

わが家の4人の子どもは家から巣立った後、留学や就職で、それぞれ海外に移り住みました。息子たちは渡り鳥のように、数か所の国や地域で暮らしています。

おかげで私まで、長女が永住を決めたバンクーバーをはじめ、香港やパリ、フォンテーヌブロー、ロサンゼルス、ボストン、ニューヨーク、ロンドンでそれぞれ数か月以上を暮らし、そこを足場に、多くの国や地域を旅してきました。

多様な国でさまざまな人と接する中で、知り合えばどの国の人も親切で優しく、ユーモアに富んでいる人が多く、喜怒哀楽の理由も同じだと実感しました。

数千年前の歴史的建造物や文化財がどの国にもゴロゴロあって、それが大切に保存され公開されています。

地域特有の伝統や風習はそれぞれにまったく違い、一つの尺度でどの民族が優秀だとか劣っているといった考え方をすること自体がナンセンスだと感じます。

私はフランスで、息子の友人を招き10回ほどパーティを主催し、合計80か国の120人と歓談したことがあります。私が作る和食と韓食が初めてだという人たちが多かったのですが、初めての味付けに拒否反応はなく、作っても作っても料理は足りず、おいしいものはどの国の人にとってもおいしいのだということを知りました。
おいしいものを囲んで会話を楽しむパーティで人がみなハッピーになるのに、国境はありません。国境を越えてお近づきになれる、手っ取り早い方法を学んだ経験となりました。

少し自慢話っぽく長々と書きましたが、それには理由があります。旅をしたり外国の人たちと親しくなることは、その国の文化や風習に触れる体験でした。息子が前述しておりますように、人間関係の広がりは、そのまま視野の広がりに直結する体験でした。この体験が私の若いころのものだったら、もう少し広い視野で育児ができただろうと思ったものです。

私の友人で、**子どもの視野を世界に広げるために、世界中のガイドブックを常にリビングに置いておいた**という人がいます。
子どもたちは自然と海外文化に親しみを持つようになり、世界と日本の歴史に詳しく、勉強好きな子どもに育ったということです。それに比べれば私は、地球儀をポンと置いただけでした。

もしも私がこれから育児をするなら、習い事など強制しません。ピアノもお習字も絵画教室も、本人が望まないのに習わせる理由がまったく見つかりません。

遊びや旅を通じて多様な経験を積ませ、**頭でっかちでない、地に足が着いた考え方と広い視野を持たせることに家庭教育の重点を置きます**。半径100メートルの狭い視野でなく、子どもが広い世界観を持てるよう育ててあげたいと思います。

豊かな世界観は、相手がどこの国の人であろうと、関係をつくるときに、欠かせない財産となるはずです。

5 ▼「自分から興味を持ったこと」を応援する
——好きな気持ちがやる気を伸ばす

アンケート結果

興味を持ったら、体験させる

小さなころから、**興味を持った習い事はなんでもさせてもらいました**。ピアノ教室、スイミングスクール、そろばん塾、書道教室などです。

高校時代の大学受験期には、部屋に差し入れを持ってきてくれるなど、精神面でのバックアップを行ってくれたことに、深い愛情を感じました。子どもが興味や関心があることを体験させてあげることが、親として重要だと思います。

（東京大学大学院工学系研究科Ｉさん）

「経験主義」の教育方針がよかった

私の人格形成に大きく影響したのは、子どもが自主的に興味を持ったことは可能な限り体験させる経験主義の教育方針だと考えております。習い事を強制しない一方で、**スポーツや音楽、芸術など、興味を持ったことはなんでも経験させてくれました。**

(東京大学大学院工学系研究科Hさん)

勉強を強要せず、興味を持ったことを伸ばしてくれた

私の両親は、私が興味を持ったことに対しては惜しみなく投資してくれる人でした。たとえば、小学生のころに身のまわりの自然現象を不思議がっていた私に、その現象についてわかりやすく書かれた本を何冊も買い与えてくれました。また、勉強をしろ、部活に入れなどの強要を一切せず、**私のやりたいことを制限なくやらせてくれました。**

(慶應義塾大学大学院理工学研究科Kさん)

好きなものに夢中になる過程で「積極性」が生まれる
――自分が「好きなこと」を知る人は強い

子どもは自分が興味を持つ分野を思う存分に探求する過程で、その興味の分野を超えて多くのものを学ぶものです。今回のアンケートに答えてくれた多くの学生さんの家庭に見られたのは、**子ども時代に興味を持ったことを、親が惜しみなく応援する**姿でした。これは私ができていなかったことで、心から反省している点です。

長男のムーギーは生き物に対する好奇心が幼児期より人並み以上で、その情熱がさまざまな成長の原動力になりました。

まだ歩けない1歳前のころから、歩行器に乗って首を伸ばし、祖母が飼う水槽の中のグッピーを、いつまでも飽かずに眺めていたものです。

彼は絵本などには見向きもしませんでしたが、まだひらがなも読めない時期から、分厚い図鑑の中の怪獣や熱帯魚の名前はすべてそらんじることができました。わが家に神童が誕生したと、家族中で大喜びしたことでした。

彼は大学生になって実家を出るまでに、イグアナから私が名前を覚えられない希少な亀に至るまで、10種類ほどの小動物を飼いました。それらはいつも私に内緒で連れてきて、私が気づいたときにはすでに家族になっていて、追い出すことができなくなっていました。

私はよく「自分のこともまともにできないのにペットを飼うなんて」とガミガミ叱りましたが、彼は私に少しは気を遣って、なるべく叱られないように熱心に世話をしていました。

子どもが自分から興味を持ったり夢中になった対象が、学校の教科や習い事とは直接関係のないことでも、親は大いに歓迎するべきだということは、後で気づいたことです。

息子は小動物の世話をすることで、命には限りがあるということを身体で学んだようです。私も子どもが親に内緒で連れてきた犬のおかげで、それまでは苦手だった犬や他の小動物に対してまで愛おしく思う感情が芽生えたのですが、長男も**ペットを飼う中で、生き物に対する思いやりがどんどん育っていきました**。

また、**その過程で、自主性や責任感など多くのものを学んだ**ようです。彼の日常の生活習慣は私の過保護で、お箸以外は自分で持ったことがないと言っても過言ではありませんでした。

ところが大好きなペットの世話は、間違っても私は手を貸しませんから（私はペットが大の苦手ですから）、エサを買うことからペットの住まいの掃除まで、責任を持って世話を完結させないと、待ったなしでペットは生きられません。

勉強をしないでペットとばかり遊んでいると、私から爆弾が落ちます。私の前でペットの世話を堂々としたいために勉強を先に済ませるなど、勉強にも積極性が出てきました。どのペットも寿命をまっとうしましたので、彼は相当な責任感を持って世話をしたことになります。

そして彼はいまだに、部屋の整理整頓の時間はなくとも、部屋中の観葉植物の水やりや陽当たりのいい場所への移動などは絶対に怠（おこた）りません。「生きているもの」に対して、いつも特別に神経が向くと言っています。

大事な試験の前でも、半日がかりで大きな熱帯魚の水槽の掃除をしていた息子の姿は本当に憎らしかったけれど、きっとその楽しみがあったから、あの退屈な受験勉強も乗り切れたのかもしれません。

彼にとってそれは大人になってからの天職にはつながりませんでしたが、それでも一生を通じて付き合っていける趣味になりました。

嫌でもしなくてはならないことがたくさんあるのが人生ですから、子どもが興味を持ったこと、**自分からやりたがるようなことは、どんどん体験させてあげましょう。**

「好きなものに夢中になる」過程では、積極性や自主性、責任感の育成に加え、友だちの輪が広がるなど、さまざまな意外な効果が生まれるものです。

そして何よりも、好きなことに打ち込めば、その分野では誰よりもうまくできるようになるものなので、自然と自信が育まれ、将来の天職へのヒントを得るようになるのです。

6 ▼ 才能の種を見つけて「原石」を磨く

——宝石も磨かなければただの石になる

アンケート結果

親のおかげで得意分野を伸ばせた

勉強については何も言われませんでしたが、**理科に興味があることを両親は知っていたようで、市のイベントなどの情報は逃さず紹介してくれました。**私が興味を持ったことを応援してくれることで、親子の絆がさらに深まり、私も得意分野を伸ばすことで大きな自信を形成することができました。そこから他の分野に関しても自分から取り組めるようになったと考えています。

（東京工業大学工学部経営システム工学科Ｆさん）

興味を持った分野で「サポート」してほしかった

興味を持ち、努力していたとき、それに関連する情報をある程度与えてほしかったです。私は子どものころから科学に興味を持ち、科学に関われることをしたいと常に希望していました。しかし、科学に特化した子ども向けのセミナーや学校があることを一切知らず、大学で先端科学に触れたとき、そのようなものがあったということを初めて知りました。もっと昔に両親から情報を与えられていたら、今よりもっと多くの知識や経験ができていたのではないかと考えています。

うちでは何でも基本的に本人の自由に任せるという方針だったのですが、子どもが興味を持ったものについては、**多少強引にでも深く学ばせてほしかった**と考えています。さまざまな体験を通して好感触だったものは、特技として活かせるくらいに学ばせたほうがいいと思います。

（東京医科歯科大学大学院生命情報科学教育部Ｓさん）

子どもの「興味の追求」が天職につながる
――勝てる分野で子どもを伸ばす

子どもという原石をダイヤに磨き上げるのに大切なことは、子どもが強い興味を示した対象があれば、それを追求することを徹底的に支援することです。親の応援の大切さは、第3章の「グリットを伸ばす」というテーマに関連して詳述しますが、**親の応援は子どもの強いモチベーションになり、物事を継続する力を育む**ことにつながります。

私は子どもの好奇心を活かせませんでした。前項の続きですが、長男があの分厚い動物図鑑を肌身離さず持ち歩き、本がすり切れるほど眺めていたあの時期に、私は手を打つべきでした。そのときに**さまざまな生物図鑑や生き物に関する本を次から次と与えていたら、相当な読書好きか、いっぱしの生物博士になれたのではなかったか**と後悔は尽きません。

その後、彼が家で目にした本は姉たちのお下がりの童話ばかりで関心が向かず、神童ぶりもそこまででした。

アンケートの「子どもが興味を持ったことは、多少強引でも深く学ばせてほしかった」という意見は真摯に受け止めたいものです。今は押しも押されもしない有名人でも、**才能**

を開花させるのに親の存在を抜きにしては語れない例が数多くあります。

ヴァイオリニストの五嶋みどりさんの場合は、自らもヴァイオリニストだった母親が、幼い娘の才能を伸ばすべく、周囲の反対を押し切ってアメリカに連れて行き、英才教育を受けさせてヴァイオリニストとして成功させました。

やはりヴァイオリニストのチョン・キョンファさんは姉がチェリスト、弟が指揮者で国際的な活躍をしていますが、母親は食堂を経営しながら子どもたちを留学させ、その才能を開花させています。盲目の辻井伸行さんのお母さんは音楽の素人でしたが、それでもおもちゃのピアノを叩く息子の絶対音感に才能を見出し、電話帳でピアノの先生を探すことから始めて今の彼があります。大江健三郎氏も知的障碍者の息子の、鳥の鳴き声を聞き分ける能力やクラシック音楽への関心を「発見」して、作曲家に導きました。

この中で、五嶋みどりさん以外の事例は自分の専門でない分野で子どもの才能を見出し、応援することで子どもを大成させています。**いずれも親の執念に近い熱心な導きなしでは、原石は眠ったままだった**可能性があります。

また、学生さんの回答でもありましたが、子どもの興味を伸ばすことを親が応援することほど、親子の絆を強める機会もそうはありません。

親はつい、自分が果たせなかった夢を子どもに託したり、自分の専門分野を継がせたりしたくなるものです。しかし、まずは子どもが興味を持ったことに対し、親自身が敏感に受け止め、二人三脚のつもりで応援してあげることです。

好きなことを追求し続けられることほど幸せな人生はありません。そしてその追求は一生続き、天職につながることも往々にしてあります。一流の才能を育てた親たちを見習い、子どもが興味を持ったことをサポートし、その才能を伸ばしてあげられる親でありたいものです。

第2章のPOINT

子どもの視野と選択肢を広げ、勝てる分野で才能を伸ばす

第2章では、子どもの好奇心を刺激し、知的な充足感を覚えさせ、その視野を広げて、やがては天職を見つけられるようサポートすることの大切さを論じてきました。

自分が好きなことをやって食べていけるようになるには、若いころに豊富な情報に触れる中で、自分は何が好きで、何が強みで、何が弱みなのか、つまるところ「自分を知る」ことが大切です。

体験に根差して自分への理解を深め、多くの選択肢の中から最良といわないまでも、自分の興味と強みに即した仕事を持つことが、天職を探すことなのだと思います。

幸福な人生の大切な基本は、周りがうらやましがる仕事をすることではありません。視野を広げ、自分と世界を知り、自分がやっていて楽しく、好きで、それでいて周りに喜ばれる仕事をすることです。

そんな天職に出会うために、幼少期からどのようなことをしてあげればよいのか、本章で一緒に考えてきたことをおさらいしてみましょう。

視野を広げる

1．視野を広げ、知的好奇心を刺激する

子どもの視野を広げてあげていますか？　知的好奇心を刺激し、知的な充足感を感じさせてあげましょう。自由に育てるだけでは、子どもが視野狭窄（きょうさく）に陥る危険性があります。

2．読書で知見を広め、学習習慣を身につけさせる

読書の習慣は身についていますか？　読書の習慣さえ身につけさせれば、自主的に視野を広げ、学習習慣を身につけていくものです。

3．「好きな本」で読書を習慣化させる

子どもが興味を持った分野の本を自由に読ませてあげていますか？　大人から見ればどんなにつまらない本であろうと、活字に親しみ本を楽しむという原体験を子どもに与えること自体が大切です。

4．世界に視野を広げる

子どもの視野を世界に広げてあげていますか？　多様な視点と価値観に触れさせ、子どもの活動範囲を自然に世界に広げてあげたいものです。

天職への道をひらく

5．「自分から興味を持ったこと」を応援する

子どもが興味を抱いたことに関して、それを伸ばす支援をしてあげられているでしょうか？　子どもは自分の興味を追求する過程で責任感や自主性など、多くの力を身につけていきます。

6. 才能の種を見つけて「原石」を磨く

子どもの天性を見出し、磨いてあげていますか？　有名なアーティストやアスリートの後ろには親の努力があり、親子での二人三脚の歩みが、子どもの天職に結びついている場合が多いものです。

第3章

やり抜く力「グリット」を育む

真剣に挑戦させ、簡単にはやめさせない

本章を読む前に——ムーギー・キム

「賢さ」よりも、「モチベーションと根性」

現在、心理学で世界的に最も注目されている教授の一人がペンシルバニア大のアンジェラ・ダックワース教授だが、氏を一躍有名にしたのが「成功する人生に必要な力は、非認知能力であるグリット（高いモチベーションで長期的に目標を達成する力。やり抜く力）」という考え方である。諸々の研究調査により、**学力やIQより、長期的に達成する力こそが人生の成功を左右する**というのだ。

私の周りを見回してみても、成功している人は自分がやろうと思ったことを何がなんでも達成するまで決してあきらめない。

この**「あきらめずに最後までやる」という精神力は仕事能力の一流と二流を決める分水嶺**であるように思える。私が働いてきた香港やシンガポールの金融の世界でも、会社が倒産しかけているときに、すぐに白旗を上げてあきらめ、敗戦処理モードになる人もいれば、「ここからが腕の見せどころ」と腕まくりして心の鉢巻（はちまき）を締め、臨戦態勢を敷くハートの強い人もいる。

一流のリーダーたちは周囲からの揺さぶりにピクリとも動じることがなく、「このぐらいの苦境は織り込み済み」と、何かと腹が据わっているのだ。

決して負け戦（いくさ）に最後まで付き合うわけではなく、何が起きたら撤退するのかも当然決めている。しかし周りが悲観的になり「もう無理だ」と心が折れかけているときも、前向きな勇気を鼓舞して士気を高め、精神的に動揺しないのだ。一言で言って**「この人、あきらめずに最後まで必死にやり通すだろうな」という、「完遂能力」に対する信頼感が高い**のである。

ところが、打たれ弱い偏差値エリートではこうはいかない。シンガポールにいた時代、アジアの某国でいわゆる最高学府を首席で卒業したＧＭＡＴ８００点（ＭＢＡに入学するための筆記テストの満点）の、元某ＭＢＢ（マッキンゼー、ボストンコンサルティンググループ、ベイン・アンド・カンパニー）のトップコンサルタントであった同僚と働いたのだが、彼は人生が順風満帆だったからか何かと胆力が足らず、先方の揺さぶりに弱くて右往左往し、まったく交渉にならなくて驚いたものである。

それではこのグリットを養成するために、幼少期からの家庭教育でできることは何なのだろうか？　本アンケートで数多く指摘されていた事項は、以下の通りである。

モチベーションを高める

1　モチベーションを上げる秘訣は「挑戦させる」こと
2　子どもの応援団になる
3　子どもに期待を伝える

真剣に最後まで続けさせる

4　「本気」を確かめて投資する
5　真剣にならなければ叱る
6　途中で簡単にやめさせない
7　「失敗を乗り越える強さ」を身につけさせる

まず一点目の「自分で挑戦させる」というのは、第1章の「主体性」とも絡んでくるが、人のモチベーションを刺激するうえで最も重要なポイントであろう。成功した偉大なリーダーたちにその事業をどうして始めたか聞くと、誰かに誘われて始めた人より、**常に自分が行動の起点になる〝セルフスターター〟であることが圧倒的に多い**ものだ。

スティーブ・ジョブズやマーク・ザッカーバーグ、孫正義は「実は、仲のいい高校時代の友だちに誘われてそれで始めたんです……」などといった受け身の動機で事業を始めない。大半の成功者に共通することだが、内から湧き起こる情熱をもとに自発的に挑戦してこそ、「何が何でもやり抜く」という強さが湧き起こるのだ。

また、一度自分の意思で始めたことに関しては一生懸命さ、真剣さを求めることが極めて重要である。自分で始めたことは目標を達成するまで、簡単にやめさせない。本章では**初志貫徹させるという継続力を身につけさせる家庭教育の実例を豊富に取り扱っている。**

なお、最後に強調したいのだが、「グリット」を語るうえで最も大切なのは、「失敗してもあきらめずに立ち上がる力」であるということだ。挑戦すれば失敗はつきものだ。そして失敗にめげる人は挑戦自体をやめてしまい、成長が止まってしまう。

これに対し、失敗しても挫折せず、なぜ失敗したのかを考えて学ぶ習慣のある人は、失敗を成長の糧としてさらなる成長を遂げるのである。

これら「最後まであきらめずにやり抜く力」であるグリットでつく差は、ＩＱスコアや学歴の差などより、遥かに大きい。

それでは「人生の成功」に最も直結する資質とでもいえる「グリット」の養成方法に関し、パンプキンとともに豊富な実例から学んでいこう。

1▼モチベーションを上げる秘訣は「挑戦させる」こと

——挑戦が子どもを大きく成長させる

アンケート結果

自分から挑戦する機会をつくる

両親は基本的に放任主義で、勉強しなさいと言われたことはなく、何でも好きなこと、興味のあることに挑戦するよう勧めてくれました。この教育方針によって、いつも自発的に目的意識を持って、何ごとにも一生懸命挑戦し続けるようになりました。

自ら挑戦することで、モチベーションが上がりました。他人ではなく、自分に対して負けず嫌いになり、**「絶対にあきらめたくない」「目標を達成したい」という強い思いを持つことができました。** たとえ失敗しても人のせいにすることなく、自らを省み、次に活かすことができて、人間として強くなったと思います。

（東京大学大学院工学系研究科Yさん）

自分で始めたので、長続きした

「何でも挑戦させてくれる」教育だった。具体的には、バレエ、ピアノ、書道、声楽、日本舞踊、ジャズなどの稽古を好きなだけやらせてもらい、**自分で興味を持って始めたことなので、どれも長続きした**のだと思います。

（慶應義塾大学環境情報学部Kさん）

「自分が起点」となってこそ、頑張れる
――下手な鉄砲は数を打っても当たらない

モチベーションを高めるのに最も効果があるのは、自分で挑戦したいことを決めさせることで、**子どもを「言いだしっぺ」にする**ことです。第1章の「主体性を育むために、自分で目標を設定させる」という話にも共通しますが、この自発的な目標設定は主体性のみならず、「やり抜く力」にも大きく影響します。

親が言い出した習い事などは、子どもによっては集中も継続もしないものです。前述の

ように、わが家では何ごとも本人の関心や希望はおかまいなしに、私が一方的に子どもに押しつけ、しかも週に4つも5つも習い事に通わせるという節操のなさでした。

結果的にチャレンジ精神を養うどころか、息子たちにはいつも「やらされている」感がつきまとっていました。何をするにもすっかり受け身で、勉強も親のためにやらされているとずっと思っていたと打ち明けられたときは、本当にヒヤリとしました。

とくに4人姉弟の中では一番根気がなく注意散漫な長男は、中学生以降もそれまでの私の過保護がたたり、**なかなか自主性や向上心の芽が出ませんでした。**

そんな過保護の呪縛が解けたのは、彼が自分で執筆活動というチャレンジを始めたときからです。今では姉弟の中でも一番読書量が多く、自分の経験や学んだメッセージを、さまざまな方面に発信することに熱心です。

彼が**目標を定め、それに向かって努力するときの集中度は、はたで見ているだけで疲れるほどのもの**です。そんなときは私は絶対に彼に近づきません。

また末っ子は、中学に入って私の過保護、過干渉から解放されるとたちまち、完全に本人が自分の人生の主役になりました。先にも触れましたが、まず柔道部に入り、すぐに黒帯を締めて、数々の大会で優勝しました。同時に自室にこもって勉強する時間が増えたのは、後でわかったことですが、親に内緒で高校から海外留学することを決意したからでした。英語の独学を始めて、ＴＯＥＦＬで目標点を獲得した時点で、その決意を私に宣言し、留学を実現しました。

以上のような経験から思うに、わが息子たちもいくら遊びに夢中だったとはいえ、親子でよく相談して目標を定めるべきでした。自分で選んだというかたちをつくって頑張らせていれば、放っておいても自分から勉強する努力型人間に、早くから成長できたのではないかと反省しています。

多くのアンケートの回答や私自身の育児経験の反省点を振り返って確信することですが、**子どもの「最後までやり抜く」モチベーションを高めるには、「子どもの意思で挑戦させる」こと**です。

考えもなくさまざまなことをやらせてみても、長続きはしないものです。下手な鉄砲は、いくら数を打っても当たらないものなのです。

2 ▼ 子どもの応援団になる
――子どもの挑戦をサポートせよ

アンケート結果

常に挑戦を応援してくれた

両親の教育方針は「常に挑戦を応援し続ける」というべきものでした。小学校のサッカー全国大会出場や高校での交換留学の応援など、私自身が**さまざまなことに挑戦するときに、資金面だけでなく言葉などでも支え続けてくれました**。そのことで、小学生サッカー日本一といった日常では得られない経験をすることができ、私自身の価値観形成において非常に役立ったと実感しています。

（東京大学大学院Wさん）

挑戦の場をつくることに尽力してくれた

両親が、**「挑戦できる場」をつくることに尽力してくれたことが、今の自分の中にある強い向上心などを育んでくれた**と考えます。私が興味を持ったこと、またこれからを考えるうえで知っておいたほうがよいことの大半は、幼いうちから両親が少しずつ実現させてくれたものです。

（大阪大学大学院工学研究科Ｉさん）

留学への挑戦を阻まれたのが心残り

両親はその保守的な性格から、私の行動を阻むことが多々ありました。高校時代に海外へ一年間の留学を志望した際のことです。両親は猛反対し、結局留学できませんでした。**あのころ留学していたら、また違う人生があったのだろう**と感じます。

さまざまな可能性を秘める子どもの選択肢を狭めずに、頑張りを応援してほしいと思います。何がきっかけで子どもの人生が変わるかは誰もわかりませんから。

（東京外国語大学Ｙさん）

親からの応援はモチベーションの源泉

──親の非見識が、子どもの成長を阻む

子どもが〝最後までやり抜く力〟を育むうえで、親の支援は欠かせません。子どもの意志だけでは限界があります。アンケートでは、受験勉強以外のことに挑戦するのを親が阻むケースも数多く見受けられました。

自戒を込めて言いますが、親は**自分の見識のなさが子どもの挑戦や成長を阻んでしまい**

かねないことを自覚するべきでしょう。

前述しましたわが家の末っ子は、高校2年のとき、突如アメリカの高校に留学したいと言い出しました。多忙でほとんど精神的には子どもをかまってやれていない時期だったので、青天の霹靂(へきれき)でした。

彼は中高一貫の進学校に通っていましたし、上3人もみな自宅通学だったので、私には心の準備ができておらず猛反対しました。しかし彼は英語を猛勉強して必要な試験も受けており、手続きも全部自分がするからと譲らず、結局はこちらが折れることになりました。

京都駅で息子が乗った「はるか」が見えなくなった瞬間、大声で涙をぼろぼろ流して泣きました。家に帰って上3人に、「お前たちがいじめたから、真っ先に末っ子が出て行ったのだ」と八つ当たりし、しばらくはその子の部屋を見てもスーパーへ行っても、仕事をしていても、あるとき突然に涙があふれて困ったものでした。

高校か大学卒業後わが家に帰ってきたら、それまでしてあげられなかった優しいお母さんをやってあげようと夢見ていましたが、息子はそのまま大学、大学院とアメリカで過ごして社会人となり、実家で一緒に暮らすことはありませんでした。

インターネットや携帯電話が一般に普及する直前の時代でした。連絡手段は、大家さんの家の固定電話にかけて手短に話したり、手紙のやりとりをする程度で、もどかしい思いをしました。しかし息子は自分で言い出した留学だったため、猛勉強したといいます。

一つのことをやり遂げる持続心のない息子だと思っていましたが、このように振り返りますと、**自分で決めたチャレンジには、果敢に責任感をもって最後まで成し遂げた**ことに気づかされます。あのとき、私の心の準備ができていないという理由だけで反対を通していたらどういうことになったかと考えると、背に汗が流れます。

わが家の事例では、最初は子どもの挑戦に反対したものの、行くと決まってからは熱意をもって応援することで、子どもは責任感をもって最後まで頑張り通しました。仮に**最初は否定的だったとしても、最後は信じて応援してやること**が子どものモチベーションを高めることを身をもって実感しました。

子どもが挑戦したいことに理解ができない親御さんたちにお伝えしたいです。子どもが親を越え、どんどん挑戦していくのを応援しないと、子どもの人生を台なしにして取り返しのつかない後悔をすることになりますよ！

3 ▼ 子どもに期待を伝える

――ただし、重圧にならないバランス感覚が重要

アンケート結果

期待に応えたい気持ちで頑張れた

私に期待していることを前面に出す、親の教育方針が今の私をつくりあげたと思います。そのため、**相手の期待を裏切らないよう努力を惜しみませんでした。**

共働きの両親に代わって育ててくれた祖母の期待に応えたい、ほめられたいと思っていたので、テスト中は必死にミスはないか確認していたのを覚えています。また授業中に先生が質問をして誰も答えないときは、先生が困っていると思い挙手していました。

このように、相手の気持ちを考え、求めていることを理解し、それに合った行動を取るので、家族、先生、友人からの信頼は厚く、また信頼が厚い分、期待に応えなければという思いから努力を惜しみませんでした。

しかし、周囲が私に期待をかけすぎる点は、改善してほしかったです。**期待を裏切ることに対する恐怖心が植え込まれた**からです。期待を裏切ると見捨てられてしまうのではないかと思い、それがモチベーションになる一方で、自由な時間を失ってしまいました。

（東京大学法学部Tさん）

夢を持たせ、期待するのも親の仕事

――頑張れる「いい期待」、負担になる「悪い期待」

親から子どもへの期待は自然な愛情の一つのかたちですし、子どもは期待に応えたいという気持ちから頑張るものです。

ノーベル賞を受賞した山中伸弥教授も、涙ぐみながら、80歳を超えた母親に受賞を報告することができてよかったと会見しておられましたが、親をなくされた人が、「これからは一番喜んでくれる人がいなくなったので、何を目的に頑張ればよいのかわからない」と言われるのもよく耳にします。

子どもの活躍や名誉や成功を喜ばない親なんているはずはなく、「期待」のこもらない親子関係のほうがむしろ心配です。

この学生さんのように恐怖心を覚えるほどの期待はどうかと思いますが、つまるところ、期待度とその伝え方が問題となりそうです。

アンケートでも**複数の学生さんが、いくら優秀な成績を取ってもほめるどころか喜ぶ表情も見せたことがない親に、明らかに不満を持っていました**。よい成績を取ったときくらいほめるか喜んでくれれば、もっと楽しく、やりがいもあったのにと抗議調です。感情表現が下手だったり、ほめるのが下手な親御さんたちだったのでしょうか。

一方、わが家では子どもたちの父親が、子どもが生まれた瞬間から、**「末は博士か大臣か、それとも大統領か」**と過度の期待を寄せる人でした。それがあまりにも本気なので、私は、子どもたちがそれに応えられなかった場合の（しかもそう考えるほうが現実的なのですが）、父親の失望を恐れていました。

私は「期待して押しつぶすよりは、健康でそこそこなら上等です」と夫を牽制（けんせい）し、そのたびにひどく叱られたものです。子どもに夢を持たせず期待も寄せず、パンだけを与えて育てるのなら、親でなくとも誰でもできるというわけです。私はその「程度」を問題にしていたのですが。

一方、子どもの特性を考えず、「何がなんでも医者や弁護士」と親が強要し、入試に何度も失敗した学生さんを、私は何人も知っています。

子どもは親の期待に添うべくチャレンジ中は素直ですが、**結果が出ないと、親子関係にヒビが入る**場合が多いです。

結果が出なかったのを親のせいにしたり、親の期待に添えなかった申し訳なさに、逆に悪ぶって再起することを放棄するなど、大きな悲劇に発展する場合も少なくありません。

親の古い価値観や世間体で、子どもの特性を無視してかけられた期待は、子どもにとって負担以外の何ものでもありません。

ですが、子どもの適性を踏まえ、**背景に親の愛情を感じさせる適度な期待は強いモチベーションになります**。その場合は子どもに期待をかけたりほめるのに、何の遠慮も要りません。

4 ▼「本気」を確かめて投資する
――湯水のような教育費は、無駄か逆効果

アンケート結果

子どもの本気を見極める

私の父は子どもの挑戦を応援し、どんな分野にあるかわからない子どもの才能や可能性をつぶさないように情報を集め、導き、金銭的な支援を惜しまずに私を育ててくれました。

しかしそれは、**無制限にお金を使い続けるという無計画なものではありませんでした。**子どもが本当にそれをやりたいのか、続ける意思があるのか、父と私で十分に話し合ったうえで確認し、決定されていきました。

（東京大学教養学部Ｉさん）

生半可な気持ちでは、習い事はさせてもらえなかった

両親は若いころピアノを習っていたので、私のバイオリンのレッスンにも随分熱心でした。一時期、私が習いたかったバイオリンの先生の教室に通うには片道2時間かかり、1回5万円のレッスン料が必要でした。両親は冗談半分でしたが、「この送り迎えとレッスン料は、相当親の時間を食い、高額なレッスン料だ」と言って、どうしてもその先生に習いたいのか私に聞き、**本気度を確かめていました。**

私はそれが高額だとはまだわからない年齢でしたが、生半可な気持ちではいけないことはそのとき理解でき、さらに精進しました。その先生に1年間習うことができ、両親にとても感謝しています。

（慶應義塾大学Sさん）

強い決意がないところに、湯水のような教育費は無駄

——その習い事は「やる意味」がある？

「子どものためなら」と教育費には糸目をつけない親は多いですが、湯水のように教育費におカネをかけても、往々にして無駄か逆効果です。

塾や学校でどんな参考書が必要かも知らないのに、子どもの言いなりにおカネを渡すの

は賢明ではありません。子どもに渡したおカネが目的通りに使われているか、**投資しているおカネに見合う努力を子どもがしているか**、チェックをする必要があるケースも多いです。「わが子は信用できる」と思っていても、世の中は巧妙な誘惑に満ちあふれています。大半の子どもはまだ、おカネの使い方を全面的に任せられるほどの判断力はありません。

2章で述べたとおり、視野を広げるには、軽い興味で始めたことも応援することが大切ですが、家計の制約がある中で深入りする際は、**子どもの本気度を見極めて支援することが大切**です。

ある友人の話ですが、3人の子どもの中でただ1人、バイオリンを習いたいと言い出した子がいました。そのとき彼女はまずバイオリンの先生に、「半年間、先生に預けます。先生はその期間に、この子が持っている原石は磨けば光るのか、この子は全力で打ち込んでいるのか、それだけを見極めてください」とお願いしたといいます。

親が幼いころに習いたかったのに習えなかったからとか、近所の子どもさんが習っているからといった理由で、なんとなく習い事をさせている親御さんは多いものです。

一方この友人は、努力せずダラダラとレッスンに通うだけではレッスン料を払い続ける気がないことを、子どもと先生に意思表示したわけです。**娘さんは、生半可な練習ではやめさせられてしまうと危機意識を持った**ことでしょう。結局、彼女はその後芸大に入るほどバイオリンを頑張ったそうです。

これは、**「いくらお金があっても〝子どもの強い決意〟のないところにおカネは出さない」**ということを子どもに示した事例です。

子どもの本気度を確認したうえで、その才能を伸ばすために投資するという親の姿勢が、そのままその後の子どもの努力や真剣さにつながったという例は、アンケートでも複数の学生さんが回答してくれました。

「勉強のためなら」「役に立つなら」と無条件におカネを出すことが親の責務ではないのです。子どもの意志がないところに教育費を湯水のように使っても、その湯水は無駄に流れ落ちるだけだと強調したいと思います。

5 ▼ 真剣にならなければ叱る

──「一生懸命にやる習慣」をつける

アンケート結果

怠けたときは厳しく叱ってくれた

私の両親は、教育熱心だったわけではありません。

ただ、今振り返って親に感謝したいのは、**何をやるにしても真剣にやらなかったときは、えらく叱ってくれた**ことです。部活動などでサボっている日があれば、こっぴどく叱られました。

スポーツであっても、勉学であっても〝上達〟に必要な能力は同じだと思っています。「集中力」「論理力」「反復力」「タイムマネジメント能力」などです。

これらを養うには、何をやるにしても真剣にやることだと思います。なので、中学まで は好きなことを徹底的にやらせてくれ、怠けたときは厳しく叱ってくれた両親に感謝しています。

（慶應義塾大学経済学部Nさん）

もっと叱ってほしかったです

親に改善してほしかった点は、「努力を強制しない」という部分が行きすぎていたことです。息子が塾を何回もサボっていたら、**両親は息子を叱りつけるべきだった**と今は考えます。「優秀な仲間が集まる環境に息子を置いて自発的な努力を促すが、強制はしない。しかし度を越えた怠慢があったときは注意する」ということが大切なのだと思います。

（東京大学大学院新領域創成科学研究科Kさん）

子どもは「優しさだけ」を求めているわけではない

――「親が叱らなければ身につかない」ものがある

子どもの挑戦を阻まず応援しようと書きましたが、一方で、子どもが怠けたら断固として叱らなければなりません。**子どもの挑戦を支援するからには、親には「発言権」も「見守る義務」もあります。**

アンケートで「自由放任で育ったが、怠けたときはもっと叱ってほしかった」と不満を持っていた学生さんが多かったことには感心しました。

私はいつも叱っていたので、私の小言は子どもにとっては聞き慣れたＢＧＭのようなもので、いざというときにはあまり効果がなかったものです。

子どもには「一生懸命、真剣に挑戦する姿勢」を求めなければなりません。勉強ができる子は、部活や課外活動をするときも熱心なものです。何に対しても一生懸命だから何をしても優秀なのか、優秀だから何をしても真剣になれるのかはわかりませんが、いずれにしても鍵は「真剣さ」です。

アンケートにいくつか見られた、部活などで**「一生懸命に取り組んでいるときは惜しみなく応援し、一生懸命でないときはこっぴどく叱る」**教育というのは、この「真剣さ」を育てるのに役に立っているように思います。

小さなことと見すごされがちですが、**部活の怠け癖は、部活を超えて人生全般に大きな悪影響を及ぼします**。子どものころに「怠けてもいい」「人より優れていなくて当たり前」という負け癖を持つか、「少しでも上を目指して常に向上心を持って努力する」という習慣を持つかは、一生を左右するのです。

私が見聞きしてきた限りでも、「何ごとにも一生懸命打ち込む習慣」を持っている人は年を重ねても、仕事やライフワーク、趣味にその才能を発揮し続け、余暇の過ごし方も豊かで、うらやましいような人生を過ごしている人が多いです。

学生時代に部活などに一生懸命に取り組む経験は、とても重要です。向上心や集中力を養い、よき友やライバルと出会い、何よりも本人が自主的に積極的に人生を歩むうえで基本となる姿勢、習慣を形成するものだからです。

本アンケートの回答からは、**怠けたときは親が厳しく叱ってくれたから今の自分がありがたいと感謝している**とか、反対に、怠けていても叱ってくれなかったのは親の怠慢だといった声がいくつも聞かれました。

子どもは親に、いつも優しさだけを求めているのではありません。子どもに集中力がなかったり、やると決めて取り組んでいることを怠けたときは、愛情をもって厳しく叱ってあげましょう。

6 ▼ 途中で簡単にやめさせない
――中途半端に投げ出す癖をつけない

アンケート結果

途中で投げ出させると「癖」になる

私は小学生時代、体を動かすことが好きで、両親に頼み、スイミングスクールに通わせてもらっていました。私が通っていたスイミングスクールでは、24級から1級までのランクがあり、それぞれ月1回のテストに合格すると次の級に進めるというシステムでした。2級までは何とか合格できたのですが、1級になかなか合格できず、次第にスクールに行くのが嫌になり、スイミングスクールを退会したい旨を両親に伝えました。

そのとき両親は、**「物事を途中で投げ出すとそれが癖になり、自分で妥協点を勝手に見つけ、すべて中途半端に終わらせてしまう人間になってしまう」**と言って、退会を許してくれませんでした。

元来負けず嫌いな私は、休日、市民プールに両親と通い、苦手な背泳ぎの練習を繰り返し、3回目のテストで合格し、スイミングスクールを卒業しました。合格通知を受け取った瞬間の達成感や清涼感、また**退会せずに最後までやり通して本当によかった**と思ったことを今でも鮮明に覚えています。

（青山学院大学経済学部Mさん）

始めたことは最後までやり抜く教育を受けた

私は5歳からピアノを習いました。初めはグループレッスンからでしたが、その教室が終わった後も母は私のレベルに合わせて、いつも先生を変えて習わせてくれました。ある先生の事情でレッスン継続が無理になったときは、母はあらゆる情報やつてを頼り、**遠方の先生を見つけてくれて、レッスンが継続できるようにしてくれました**。このような母のサポートや姿勢のおかげで、私は一つのことをやり抜く力を養ったと思います。

（大阪大学Kさん）

継続は力なり
――やめたがる子どもを「石の上に3年」座らせる

「途中で投げ出さない習慣」を与えることは、子どもの「やり抜く能力」や「秘めたる才能」を引き出すうえで、決定的な重要性を持ちます。本アンケートでも、**「途中でやめさせなかった親」に感謝している学生さんが、ことのほか多い**ことに気づかされました。

「石の上にも3年」「継続は力なり」ということわざは、ダテではありません。私の友人の桜さん（仮名）は、速記の達人です。アラビア文字に似た記号などを使って、同時通訳のようにして人の発言を記録していく、かなり高度な技能です。

彼女は高校1年生のころにすでに相当な級を持ち、速記大会でもいつもいい成績を収めていました。速記といえば桜さん、桜さんといえば速記の上手な人というほど、速記は彼女を際立たせていました。

最初は父親に勧められて、軽い気持ちで習い始めたそうです。でも始めてみると難しく、なかなか興味が持てません。何度もやめると申し出たそうですが、いつも「石の上にも3年と言う。3年もやらなくてよいから、せめて基礎だけでもマスターしてからやめなさい」と言われるばかりでした。無理にでもやめたら、きっとこれからは自分の希望をこれまでのようには聞いてもらえないだろうと思ったほど、**親の態度は固く、取り入る隙がなかった**と言います。

彼女はかなり恵まれた家庭環境でしたから、他に習い事をしていても不思議ではないのですが、彼女が習わされたのは速記だけでした。早く基本をマスターして、やめられるようになろうと考えを切り替えたそうです。

基礎を覚えたころには速記の面白さに開眼し、やがてどんどん練習して上達していったそうです。その腕前を見せてもらいましたが、私たちの会話を素早く記号で表し、それを日本語に書き換えていく手つきは芸術的でした。決して華やかとはいえない特技かもしれませんが、1章でも触れた**「一芸に秀でている人が持つ自信」**があふれていて、彼女をとても輝いた存在にしています。

「せめて基礎だけでもマスターせよ」と説得して弱音を受けつけなかった親御さんの固い意志と態度が、何ごともやればできるという自信を持つ魅力的な彼女をつくりあげました。学業も優秀だったのはいうまでもありません。

多くの習い事に通ってはいるけれど、やめるのは自由で、いろんな習い事を取っ替え引っ替えやっている子どもさんをよく見かけます。**これでは何一つものにせず中途半端に終わってしまいます。**

かといって、「途中でやめる癖がつくから続けなさい」と言うだけでは、説得力がありません。やめたがる子どもを「石の上に3年」座らせるには、親自身が強い意志を持つ必要があります。

桜さんのお父さんは「基礎だけでもマスターしたら」と言っていましたが、**やめるには何を達成する必要があるか**という目標を子どもに決めさせるのもよいでしょう。

もちろん、中にはすぐにやめさせたほうが適性のあることに集中できることもあるので、一概に一般化できない話ではありません。

それでも基本的には「簡単にはやめさせない」という確固たる教育方針のもと、説得力ある言葉で励ましながら継続させることが大切です。幼少期に初志貫徹する習慣をつけることが、人生を通じて何ごとも最後までやり遂げる力の礎となるのです。

7 「失敗を乗り越える強さ」を身につけさせる

――失敗から教訓を学ぶ習慣をつける

アンケート結果

失敗しても感情的に叱らない教育でした

私の親は、私の失敗に対して、絶対罵声を浴びせたり殴ったりしませんでした。親に教えてもらった問題をミスしたり友だちとケンカしたときも、親の口癖は「今度から気をつければよい」でした。

それで**絶対に叱らずに、私が気づかない私の失言などを注意してくれるので、学校であった嫌なことは、何でも親に話しました。**失敗をしても叱られないという安心感と、いつも適切な助言をくれる親に、無条件の愛情を感じ、感謝しています。

（東京大学大学院Jさん）

失敗を怒らず、原因を考えさせ、自分で乗り越えるのを助けてくれた

両親は私の失敗を怒らず、私がその失敗の要因を、分析対象としてとらえるよう心がけてくれました。それで私は失敗したときに、落ち込むより、それにどう対処するかを考えようとする発想が身につきました。

小学校のときミニバスケをやっていました。私がミスを繰り返し試合で活躍できなかったとき、家に帰ると、両親はミスを叱るのではなく、**なぜミスをして、どうすればミスをなくせるだろうかと私の言葉で考えるよう促しました**。そして対策の実行に際しては積極的に協力してくれました。パスの練習が必要と思えば部屋で壁打ちをさせてくれましたし、ゴール下の動きを練習したいと言えばリングを用意してくれました。

（東京大学経済学部Iさん）

ミスは叱らず、原因を考えさせる

――失敗を叱ると、子どもは萎縮して嘘つきになる

子どもの失敗に激怒すると、子どもは萎縮してしまい、失敗から学ぶことができなくなります。本アンケートでも、**失敗しても感情的に叱るのではなく、そこから何を学ぶかに重点をおいてくれた**両親への感謝の声をいくつも見ることができました。

「失敗を乗り越える」という言葉を考えるとき、きまって思い出す人がいます。友人の鬼

怒川さん（仮名）はとても家族に厳しく、怒りん坊です。その怒り方が激しくてしつこくて、普通の家庭では「これから注意するように」という一言で終わるミスや行き違いも、鬼怒川さんにかかると、子どもが家一軒燃やしたかのような怒り方になるのです。

鬼怒川さんの叱責は、家族がそこまで憎いのかと疑われるほど執拗です。そのうちに鬼怒川家では何か不都合なことがあると、それを解決する前に、鬼怒川さんにバレないように全員で腐心するのが習わしとなりました。鬼怒川さんの激情型叱責は、家族全員を萎縮させ、嘘つき人間にしてしまったのです。

鬼怒川さんのように感情的に叱るだけなら、失敗を隠すことに奔走する子どもに育ちます。失敗しても叱られず、ミスそのものに着眼して、それを乗り越えるために助言し協力してくれる親に育てられた子どもたちは、チャレンジすることを恐れず**たくさん失敗を経験することで、思うようにいかないことに対する対処法や乗り越え方を学んでいきます。**

長い人生でさまざまな挑戦を続ければ、それだけ失敗も多くなるものです。そこで最後までやり遂げられるかどうかは、失敗にどう向き合うかという習慣にかかっています。

「失敗を乗り越える強さ」を身につけさせるためにも、失敗に激怒して子どもを萎縮させてはいけません。子どもが自信を失わないよう励ましつつも、**失敗を率直に認め、包み隠さず、失敗の原因を自分で考えることの大切さを教えましょう。**

このようにして失敗を、そこから教訓を学ぶきっかけにすることが、「失敗を乗り越え、最後までやり遂げる力」を育むのです。

第3章のPOINT

転んでもあきらめない人が、結局成功する――七転八倒のススメ

日本屈指の心臓外科医である天野篤医師の話が、とあるドキュメンタリー番組で詳しく紹介されていました。天野医師は「一流でない」医大に三浪して入り、卒業後も医局に残ることすら断られ、どこにも就職できなかったそうです。この時点で普通の人なら、今「名医」と呼ばれるまでになったほどの精進はあきらめたと思います。

天野医師はそこを頼み込んである病院に就職させてもらい、その病院を起点にして、さまざまな名医といわれる先生の外科手術を見学させてもらうなどして学ばれていったそうです。生意気だと思われて解雇されたりもしましたが、外科医になりたい一心で挑戦を続け、腕を磨かれました。氏の座右の銘は「一途一心(いちずいっしん)」です。

天野医師は父親に心臓疾患があり、自分の手でそれを治したいという強いモチベーションがあったそうです。もしも天野医師の外科医へのモチベーションがそこまで高くなければ、三浪までチャレンジされたかどうか、もしもエリートコースをとんとん拍子に歩んだものだったら、医師になってからの逆境がこれほど続いてもチャレンジを続けられたかどうかは疑問です。

逆境が当たり前の環境で生き抜いてこられ、高いモチベーションを持っておられた先生にとっては、失敗は乗り越えるもので、めげる対象ではありませんでした。今の地位に甘んじず、これからも百戦百勝を目指して、もっともっと技術を磨きたいと言っておられます。

生まれつき能力が高くて、少しの努力で第一志望校や好きな職業をつかめる人はいいのですが、普通の能力しか持たない大部分の人は、「絶対にあきらめずに最後までやり遂げる」しか道はありません。

そのためにも「強いモチベーション」と「自分はできる」という自信を持って突き進むことが、何かを達成する力の大切な基本だといえるでしょう。

本章で扱った「グリット」の象徴ともいえる天野医師の例から一番学ぶべきは、初志貫徹し、倒れても起き上がる「七転八倒」してもやり抜く強さだと思います。

それでは、本章で考えてきた「グリット」を育むポイントを、おさらいしておきましょう。

モチベーションを高める

1. モチベーションを上げる秘訣は「挑戦させる」こと

子どもに、挑戦する対象を選ばせていますか？ 自分で興味を持ったことを自発的に始めてこそ、最後までやり遂げる継続力を持てます。

2. 子どもの応援団になる

子どもが挑戦することに対し、一番の応援団になれていますか？ 子どものころは何に挑戦するにしても、物心両面での親の支援がなければ挑戦を続けられないことが大半です。

3. 子どもに期待を伝える

子どもに親の期待を伝えてあげていますか？ 重すぎるプレッシャーになっては

元も子もありませんが、適度な親からの期待は子どものモチベーションの大きな源泉となります。

真剣に最後まで続けさせる

4.「本気」を確かめて投資する

子どもの挑戦を応援する際、やみくもに無制限な支援をしていませんか？　子どもの強い決意がないところに湯水のようにお金を出しても逆効果です。

5. 真剣にならなければ叱る

子どもが真剣に打ち込まないときは、きちんと叱っていますか？　子どもが自ら始めたことを怠けたときは、断固として叱ってあげましょう。大切なのは、子どもが一生懸命に集中力をもって打ち込む姿勢を身につけさせることです。

6. 途中で簡単にやめさせない

子どもが何かを簡単に投げ出すことを、許してしまっていませんか？「途中で投げ出さない、初志貫徹の習慣」を与えることは、グリットを育むうえで決定的な重要性をもちます。

7.「失敗を乗り越える強さ」を身につけさせる

子どもが失敗を乗り越える支援をしていますか？　失敗に激怒すると、子どもは萎縮してしまいます。結果的に失敗を隠そうとし、失敗から学ぶことができなくなります。

第4章

一流の「コミュニケーション能力」を磨く

人から信頼されるために必要なコミュニケーション能力の本質

相手を理解し、心を通わせる習慣を身につけさせる

本章を読む前に――ムーギー・キム

「コンサルタントに必要なコミュニケーション能力って、流暢に話す力ではなく、きちんとクライアントの話を聴く力なんだよね」

これは私が外資系の戦略コンサルティングファームで働いていた際、当時の社長が若手一同にコンサルタントの心得を説いたときに話された、ありがたい一言である。

コンサルタントというと理路整然と立て板に水のように口達者に話す人、というイメージをお持ちの方も多いのではないだろうか。しかし実際にコンサルティングに限らず**あらゆるビジネスの基本は、クライアントが何を欲しているのかを知ること**である。

今さら皆さまに申し上げるのは釈迦(しゃか)に説法なのだが、コミュニケーションに関しては相手の視点や立場、置かれた環境を考え、どのような不満を持ち、何をわかってほしいのか、その感情に想像を働かせながら相手のニーズを理解することが最も重要である。

コミュニケーション能力というと、話す力、書く力、聴く力、怒る力などさまざまな構成要素があるが、中でも**一番重要で高級なコミュニケーション能力は、「聴いて、相手を理解する力」**である。

たとえば、毎日の夫婦ゲンカを想像してみてほしい。相手が怒っていること、不満に思っていることを理解しようとせず、自分の言い分を流暢に雄弁にまくしたてて相手を言いくるめる鬼嫁ないし、ダメ夫。それで何かが解決するだろうか？　双方に不信と怒り、憎悪だけが残り、何も解決せずに離婚への道を加速するだけであろう。

ビジネスでも同様だ。お客が欲しいもの、お客が困っていることを理解せずに自分が売りたい商品の特性を立て板に水のようにまくしたてたところで、相手に響くわけもなく、単にうっとうしがられるだけであろう。**結果的に北極で冷蔵庫を売るのと同じくらい、不毛な営業活動をしている人も少なくない**。

よく言われる話ではあるが、自分が売りたいものを押しつけるだけの売り子になるのではなく、相手のニーズを把握しなければソリューションを提供できるわけもないのである。

もちろん話す力、プレゼン能力も重要なコミュニケーション能力であることは間違いない。しかし話す前に、相手のニーズやペインポイント（困っていること）、関心事項のレベル観や視点および価値観を理解していないと、**どれだけ論理的にスマートに発表しても、せっかくの「話す能力」も台なし**である。

夫婦ゲンカにしてもビジネスの現場にしても、国家間の外交にしても、コミュニケーションの基本は同じである。

大切なのは自分の視点と論点を離れて、相手の視点と立場に立ち、相手の感情や価値観、異なる思考のフレームワークや、異なる事実認識を理解しながら合意形成を達成する「一流のコミュニケーション能力」なのだ。

さまざまなグローバル企業で働いてきた経験を振り返ると、**尊敬されるリーダーは、おしなべてここで述べてきた意味での「コミュニケーション能力」が高い**わけだが、本章ではその「コミュニケーション能力」の構成要素を議論し、それを伸ばす育児方法を考える。

アンケート中のコミュニケーション能力に関するコメントは、以下に分類される。

コミュニケーションに慣れさせる

1 「社交の場」に参加させる
2 「書く習慣」を身につけさせる
3 外国語教育は、幼少期から慣れさせる
4 小さいころから「何でも話せる相手」になる

異なる視点・価値観・感情を理解させる

5 子どもと積極的に議論せよ
6 親の「価値観」を押しつけない
7 感情的にならず、理由をしっかりと伝えて叱る

心を通わせる習慣を身につけさせる

8 感謝することの大切さを教える
9 相手の立場に立って考える癖をつけさせる
10 動物を通じて思いやりの心を育む

合意形成のためのコミュニケーション能力で大切なのは、反論されたときにそこから冷静に建設的に議論を発展させる「知的耐久性」だ。

二流の人は自分の意見と違う意見を単に感情的にこきおろす。

これに対して**一流のリーダーは、自分の視点や価値観を押しつけず、いったん相手の意見を受け止める心の余裕がある。**だからこそ多くのばらばらな意見をまとめて合意にこぎつけることができるのだ。

コミュニケーション能力の中でもとくに重要なのが「パースペクティブ・テイキング」（相手の視点で物事を見ること）、相手と視点やフレームワーク、価値観、見ている全体像が違うときに、相手の視点に立って考えられるかどうかだ。**言い換えると、「相手の気持ちや視点を理解する力」**ということになる。

英語で"Put your foot in his/her shoes."（その人の靴に自分の足を入れる）という慣用句があるが、相手の立場に立って、（同意するかどうかは別として）**相手の視点と価値観で考えることができるかどうか**が、相手を理解するコミュニケーション能力の最も重要な基本なのである。

ここまで相手を理解する大切さを説いてきたが、それだけでは信頼されるコミュニケーションとはいえない。人は論理や情報だけでなく、感情の生き物である。他人と心を通わせる習慣を身につけることが必要なのだ。

なかでも「感謝する習慣」の大切さを強調したい。

人の根源的な欲求として承認欲求ほど強いものもない。中には無償の貢献をして心安らかになれる人もいるが、たいていの人は何かしてあげたら感謝してほしいと思っているものである。それだけに、感謝されるとひと肌脱いであげようと思うものだし、逆に何かしてあげたのに感謝の気持ちを感じなければその人に怒りを抱く。

小さなことに感謝する気持ちを持てば、それだけ他人の信頼を受け、人間関係がスムーズに運ぶものである。ここだけの話、**感謝の気持ちの強さと人の出世はかなり高い相関関係にあり、感謝しまくっていればあらゆるところから助けの船が押し寄せてくる**ものなのだ。

そして社会的弱者への優しい視線を持ち、弱い立場にある人の心の痛みに寄り添えることが、広く社会から信頼を得るコミュニケーション能力の基本である。

他にも効率的に論理的な文章を書く力や、相手の行動を建設的に変える「巧みな怒り方」など、高度なコミュニケーション能力の要素は複数あるが、その詳細は本章に譲ることにしよう。

それでは、一流のコミュニケーション能力を磨くための家庭教育の詳細について、パンプキンとともに見ていこう。

I　コミュニケーションに慣れさせる

1 ▼「社交の場」に参加させる
――「場慣れ」が子どもを社交上手にする

アンケート結果

人と良好な関係を築く楽しさを教わった

自宅によく人を招いたり、近所の人たちと積極的な関わり合いを持つ両親だったので、人と良好な関係を持つことの楽しさや大切さについて、自然に気づけました。この体験のおかげで、幼稚園、小学校と世界が少しずつ広がっていっても、順応しやすいタイプになれたと思います。さらに成長して、学校とは違うコミュニティの中に入るようになっても、人の立場に立ったものの見方ができる自信が持てています。

（大阪大学大学院工学研究科Iさん）

親以外の人と接する機会がなく、人見知りに悩んだ

「幼いころにたくさん人と絡む機会を与える」のがコミュニケーション能力や社交性を身につけさせるのに重要だと思う。自分自身、両親が共働きだったこともあり、あまりそういう機会のないまま小学校、中学校と進学したので、当初、人見知りにすごく悩んだ。

幼いころから両親以外の人と接する機会に恵まれてきた私の友人たちは、人見知りせず、自然と大人に対してどう接すればいいか、どういう振る舞いが正しいのかを理解しているようだ。

（早稲田大学Tさん）

知らない人と交流できる機会をつくってほしかった

見知らぬ人たちとの交流の機会が少なかったので、初対面の人に対するコミュニケーション・スタイルがわからず、中学、高校を通じて積極的に人と関わったり、本を読んだりすることで身につけていった。

親には、**他人と交流の機会のある遊びやイベントなどに、積極的に連れ出してほしかった**と思っている。

（東京大学Tさん）

子どものころのコミュニケーションの経験が一生、影響する

——大人同士の場にも「同席」させる

アンケートでは、幼少期からさまざまな大人と接点を持つことの好影響を挙げる学生さんが多くおられましたが、私の経験を振り返っても、**子どもに大人たちと接点を持たせるのはコミュニケーション能力を大いに高める**という確信を抱いています。

幼いころから「場慣れ」をすることで、他人と接することに抵抗感がなくなり、初対面の人にも物怖（ものお）じしなくなるからです。

わが家は大家族で、そのうえ親戚やそのお友だちが日常的に集う家庭でした。親戚同士の結束も固く、家族ぐるみの食事会などがよくありましたので、大人や他人と接することにかけては申し分のない環境だったといえます。そして親戚は子どもによく話しかける人たちだったので、子どもたちはいろいろな相手と活発に会話をしていました。

それが功を奏したのかどうか、わが家の子たちは、幼稚園に行ったときにはすでにみないっぱしの社交家でした。いつも遊びの中心にいて、幼稚園の発表会などでも堂々としていたものです。学芸会でアドリブを入れて会場をわかすのも、わが子たちでした。

人見知りをしないことや物怖じしないことは、初対面の人とコミュニケーションを図るうえで大前提となることですが、この点では、子どもたちは苦労がありませんでした。

これはその後さまざまな習い事で、いろんな先生との出会いや、いろんなお友だちとともに過ごした経験で、さらに磨きがかかりました。中でもオーケストラやバスケットボールなど集団でのクラブ活動が、チームワークやリーダーシップを学ぶうえで効果的だったように思います。

ところで、今日のように、核家族が多いご家庭で「場慣れ」させるには、どうすればいいのでしょうか。実は私も、ここに述べたような環境だったとはいえ、子どもに多くの人と接する機会をつくるための努力は怠りませんでした。

たとえば幼稚園では、先生がボランティアで主催しておられた子どもクラブに子どもたちを加入させました。**いろんな友だちとの泊まりがけのキャンプや旅行を経験させたかったから**です。幼稚園児だった末っ子は最初怖気（おじけ）づいていましたが、帰ってきたときにはひと回り大きく成長して見えたものです。

子どもの誕生会には、必ず10人ほど、多いときにはクラスのお友だち全員を招きました。

すると先方の誕生会にも招かれるようになるので、いろんなお友だちと深く付き合っていくきっかけになりました。

息子たちはよくケンカもしましたが、**ケンカや揉めごとは人間関係のルールを知るいい機会になります**。こういうときに「いくら悪気がなくとも、相手が嫌だと思うことは強要してはいけない」といったことを教えるわけですが、そもそもいろんな相手と交流しなければ、そんな学びの場が生まれることもありません。

また、「場慣れ」について、一つ知人家族の例を紹介しますと、**彼は彼や夫人の客を招いたときも、食事はいつも3人の子どもさんを同席させるようにしていました**。

これは「人見知りしないように育てたい」「たまには大人同士の話も子どもに聞かせたい」という考えによるものです。彼はこの習慣を、子どもが小さいころに始めましたが、一番下の子どもさんが大学生になった今も続けています。

彼は人に招かれたときも、相手の意向を聞いたうえで、できるだけ親子で一緒に行くようにしていました。「場慣れ」の効果か、何度か私の家に来られたときも、3人の息子さんたちは実に良い聞き手でした。大人の会話の邪魔をせず、さりとてつまらなさそうに同席しているわけでもありません。楽しいときには一緒に笑い、聞きたいことがあれば自然に尋ねます。食事がすむと大人だけの時間になるのですが、話題によっては、「もう少し同席させていただいてよろしいでしょうか」と自ら申し出るなど、とてもフレンドリーです。家庭教育の成功を感じました。

親以外の人には挨拶も上手にできない若い人によく出会います。もちろん例外はあるものの、そのような**閉鎖的な子どもにしている責任は往々にして親にあります**。幼少期からさまざまな人に触れる経験を持たせて、他人との交流に慣れさせてあげたいものです。

2 ▼ 「書く習慣」を身につけさせる
――書くことが好きな子どもに育てるコツ

アンケート結果

とにかく大量の手紙を書かされました

私の母は大の手紙好きで、子どものころから年賀状や友だち、親戚への手紙を積極的に書かされました。おかげで、毎年お正月には、ポストからあふれるくらい年賀状が届いていました。

また、**常日ごろから筆まめだった親の影響で私も手紙を書くことが多かった**のですが、その影響か、すっかり作文がうまくなって、ラブレターや論文、レポートを書くのも、かなり得意なほうです。いろいろとものを書く習慣をつけてくれた母に感謝しています。

（慶應義塾大学総合政策学部Kさん）

筆マメが文章力を鍛える
――手紙を書くことが楽しくなる工夫の数々

子どものコミュニケーション能力を高めるうえで重要なことの一つに、書く習慣を身につけさせるということがあります。**日記や読書感想文、手紙を書くように誘導してあげることは、特に理路整然と話す能力を獲得させるうえでとても効果が高い**です。

手書き作業をする際には、キーボードで文字を打つときにはない脳の活発な働きがあるということは、心理学の実験で証明されています。

ワシントン大学の心理学者、ヴァージニア・バーニンガー教授が行った実験では、手書きのグループとキーボードを使うグループに分けて脳の働きなどを調べたところ、**手書き**

グループのほうが脳神経の働きがより活発になり、より豊かな着想が生まれたといいます。

読む相手にはっきりとメッセージを伝えようと文章を書くときも、手書きの場合、簡単に直せるキーボードを使うときよりも頭をフル回転させて、一字一句工夫しながら文章を組み立てていきます。バーニンガー教授によると、このときのプロセスは強く脳に記憶されることになるそうですが、このときに使われている思考力や発想力は、コミュニケーション能力とも直結しているように思います。

私の友人たちで**昔から筆まめで、何かにつけてものを書くことが好きだった人たちはみなコミュニケーション能力が抜群**ということからも、その思いを強くしています。

では具体的に、書く習慣は、どのようにつけてやればいいのでしょうか。

わが家の子どもたちの小学生時代には、学校で**「せんせい、あのね」**という一言から始まる日記をつけさせる指導がありました。

日常のどんな細かなことを書いてもいいのですが、**先生が必ず、肯定的なコメントをつけて返してくださる**ので、子どもたちは喜んで日記をつけていました。

読書感想文をつけることも効果があります。長女が小さいころに、**本の題名と作者、主人公の名前だけを記入する、読書感想文ノートをつくってあげました。**感想文まで書かせると負担になるので、それは自由に任せました。

子どもは幼稚園の出席シールが埋まっていくのが嬉しいように、そのようなノートに、読んだ本の数が増えていくのは大好きです。長女はやがて主人公を取り巻く登場人物の名前も書くようになり、感想文も添えるようになっていきました。

さらには、手紙を書くことを楽しめるように、かわいい絵柄のハガキや便せんを買いそろえて、長女の机に積んでおきました。彼女は従姉(いとこ)やお友だちにせっせと手紙を書き、返事をもらったときはとても嬉しそうで、ますます筆まめになっていきました。長じて大手新聞社の懸賞論文に応募し、一等賞を手にして、その論文が本になったほどです。

今では彼女は大学の教員として書くことや話すことを生業(なりわい)にしています。

それでは、書く力を上達させるにはどうすればよいでしょうか。

子どもが**考えていることや本の要約を簡潔に書かせ、根気強く文章を書くコツをつかませる**ことは、子どもの「書く力」に大いに影響します。

知り合いで、交換日記をしていた父子がいます。どんなに忙しくとも父親が、内容だけでなく、**句読点の間違いや文章の重複なども含めて、優しく丁寧に感想を書いたり指摘をし続けた**ところ、子どもの文章力はぐんぐん伸びていったといいます。

幼少期から筆まめに育て、日記や手紙、簡潔な本の要約を書く習慣を身につけさせることは、子どものコミュニケーション能力を高めるうえで非常に重要な役割を果たすと確信しています。

3 ▼ 外国語教育は、幼少期から慣れさせる
——幼児期に英語を学べなかった後悔は大きい

アンケート結果

英語に親しめる環境で育ててほしかった

昨今のグローバル化の進展を考慮し、幼少期は英語圏で生活することが効果的だと思います。私は日本で生まれ育ったため、いまだに英会話に苦労していますが、幼少期に

英語圏で生活することによって、**語学の問題が解決されるだけでなく、より幅広い視点で物事を考えられるようになる**と思います。
（東京大学大学院工学系研究科Mさん）

子どものころから英語をやっていた相手には勝てない

帰国子女や、英語教育に力を入れている名門幼稚園から英語を続けてきた友人たちを見ていると、**中学から英語を始めた者には超えがたい英語力がついている**と思いました。少々無理をしてでも幼少期に英語圏で生活するか、幼稚園から英語に親しむ環境で育ててほしかったです。
（東京大学大学院経済学研究科金融システム専攻Nさん）

母国語の大切さを、外国語回避の言い訳にしてはならない

――英語ができなければ「門前払い」の仕事も多い

アンケートでは**幼少期から外国語教育をしてほしかった**という学生さんの声が多く聞かれましたし、実際に幼少期からの英語教育熱が急速に高まっています。

最近わが家に招いたお客様のお一人が、小学1年生の息子さんを連れてきました。中央官庁で官僚をしていた日本人父子ですが、親子の会話は英語でした。

不思議に思って聞きますと、子どもさんを、すべての科目が英語で教育されるインターナショナルスクールへ通わせているそうで、**家でも英語で通している**と言います。ご夫婦とも英語が堪能(たんのう)で、仕事でも英語ができることからくる優位性を身に沁(し)みて感じていることからそうすることに決めたとのことでした。

そういえば香港で活躍している韓国人夫妻も、同じような経験から子どもさんを、インターナショナルスクールへ通わせていました。

早くから子どもに英語を学ばせるかどうかは、どのような子どもに育てたいかという親の理念とも密接に関係してくると思われます。

英語を駆使して世界で活躍している人たちの話を聞いていますと、**子どもには是が非でも早期の英語教育を受けさせたいと願っている人が圧倒的に多い**です。

英語の早期教育賛成派の人は、脳の働きが柔軟なうちに、ネイティブの発音を覚え、ネイティブが母国語を覚えるように英語を覚えていく効用を主張します。これに対し英語を勉強させるのは10歳以降からでいいという人たちは、発音のレベル等で多少遅れを取っても、むしろそれまでに母国語で細やかな感情表現ができたりする能力を身につけさせるべきだと主張します。

私自身は、母国語もしっかり学ぶという条件付きですが、**外国語教育は幼少期から徹底的に始めたほうがいい**と思います。というのも、私の子どもは結果的に全員欧米に留学したり勤務することになりましたが、**海を渡った時期が早い順に、英語の発音や使い方がうまいもので、この差には明白なものがあります**。

私の周囲でも、欧米人の先生が営む英語塾に通い、ネイティブに近い発音で英語の詩を暗唱できる幼稚園児が何人もいます。小さいころから英語を続けて中学生になった子どもさんは、学校での教科書の進捗はおかまいなしに、どんどんその力を磨いていくことが多いです。

もちろん、外国語教育に熱を入れるあまり、母国語がおろそかになり、思考力の発達が遅れるようでは本末転倒です。ですが、幼少期から母国語を学ぶことと外国語を学ぶことは、決して二項対立の概念ではなく、並行して学ぶことが可能です。

外国語の重要性は、英語を使う職場で働いたことがない「親の世代」が古い価値観で判断してはいけないものです。英語ができるだけで良い仕事（望む仕事）を得られるわけではありませんが、**英語ができなければその入り口にも立てないことも多いという時代に変わってきています。**

ちなみに、私たちの世代では外国語といえば英語でしたが、今では中国語やインドネシア語など、さまざまな言語を学ぶメリットが高まっています。重ね重ね古い世代の古い価値観で、言語教育観を押しつけないようにしたいものです。

4 ▼ 小さいころから「何でも話せる相手」になる
――子どもの悩みや希望を知っているか？

アンケート結果

親子でコミュニケーションをよく取ってくれた

家族の時間を大切にし、コミュニケーションを取るようにしてくれたことに感謝しています。こういう機会に悩みごとを相談することができ、解決のヒントを両親から数多くもらい、自主的に課題に取り組む習慣を形成できたと考えています。

また、私が本当にやりたいと思っていることとそうでないことを見極め、やりたいことは思う存分やらせてもらえたことにも感謝しています。これも、**おそらくコミュニケーションをよく取っていたからこそ、子どもが本気なのかどうかという区別がついたの**だと思います。

（サスカチュワン大学Mさん）

日常の密な親子の会話で、進路選択がスムーズに

私と両親は日ごろからよく会話し、意思疎通ができていました。私が留学を望んだり大学院を希望したときも、すんなり決まったのはそのおかげだと思います。**私が友人関係で悩んでいるときなども、相談相手は両親でした。**親として人生の先輩として、いつも心に響く励ましをくれました。

（京都大学Tさん）

思春期にウザがられる前に、親子の信頼関係を

――急に注意をしても子どもは耳を貸さない

子どものコミュニケーション能力を育むうえで一番大切なのは、やはり〝**親には何でも話せる**〟**という信頼関係**です。アンケートでも多くの学生さんが、親が幼少期から十分コ

ミュニケーションを取ってくれたことに感謝の気持ちを述べています。

子どもが困ったり悩んだとき、相談できる親であるためには、子どもから〝何でも話せる相手だ〟と信頼されていなければなりません。そして**その関係は幼児期から親の心がけや働きかけで構築されていること**が理想です。

これは母子だけでなく、もちろん父子の関係でも大切です。

父子の関係がうまくいっていない家庭を見てみますと、**子どもが幼いころは仕事で忙しく子どもに真剣に向き合わなかった**というケースが多いです。幼いころからこうですと、思春期になるころには、親もどう子どもと付き合っていいかわからず、子にとっても親とは距離を感じるという関係になってしまいます。

とはいえ、親としては子どもが岐路で迷っているときや、間違ったことをしているときは注意や助言をしたいものです。ですが思春期の子どもに、そんな親の心を読むことはできません。にわかに親づらをさげて説教をしても、むなしく響くだけです。

親子で考え方や価値観が違っても、常日頃からコミュニケーションがあれば、ある程度はわかり合えるものですが、それもなく急に親の価値観を押しつけられては、ときには家庭内暴力に発展することもあります。

私が生まれ育った地域では、「子どもは裸のお客さん」と言います。純粋無垢で生まれてくるという意味です。子どもの性格も、子どもが持つ習慣も親子関係も、すべて養育者次第という意味でもあります。

幼児期より、**子どもに対して権威的に振る舞わず、子どもの世界を理解しようとする柔軟な姿勢を持ちたい**ものです。そして親にとってその子がいかに大切な存在であるかを明確に伝え、親として人生の先輩として信頼を得られるよう、普段から誠実に語りかけることが重要です。

いくら親のほうで子どもと会話したくとも、いったん思春期の子どもが「親は古い」「ウザい」と感じ始めたら、とたんに親とは距離を取り始めます。

そうなる前に、**「親は何でも話せる相手」「自分の話を受け入れてくれる」「理解し合えている」という信頼関係を構築する**ことは、子どものコミュニケーション能力および、家族の絆を強めるうえでとても大切なのです。

5 ▼ 子どもと積極的に議論せよ

――「親の会話レベル」が子どもに受け継がれる

アンケート結果

食卓で両親が議論する家庭で育った

私の両親は芸術に親しみ、読書をよくする人たちで、知識は広範囲にわたります。私が幼いころから両親はよく、**食卓や居間で、文化論や政治論議を楽しんでいました。**私がその輪に入るのも自然の流れで、その中で自分流の価値観や話し方が養われたと思っています。

（京都大学経済学部Mさん）

積極的に議論してほしかった

私の両親は、子どもと一緒に物事を考えたり話し合ったりということをあまり積極的にしてくれませんでした。これは、「自分で考え、行動せよ」という教育方針の裏返しだったのだと思いますが、両親と話していて、子どもながらに物足りなさを感じた記憶があります。歴史や社会、その他さまざまな事柄について**自己の主張をし、話し合うような議論をしてほしかった**です。

（慶應義塾大学環境情報学部Kさん）

批判を受け入れ、建設的に議論する力を養う
——反論を冷静に受け止める知的訓練が大切

幼少期を振り返って、両親ともっと議論をする習慣がほしかったと答えている方が何人もいらっしゃいました。わが家でも**父子で頻繁に議論が繰り返されていましたが、結果的に議論する力を磨くよい訓練になっていた**のだと思います。

わが家では話し好きな夫が、ヒマさえあれば子どもに話しかけては質問したり説教したりしていました。子どもの前では勘違いや誤解があっても絶対に認めようとしない頑固な父親相手でも、長男は一歩も譲りませんでした。他の子は、早く父親の話が終わることを願ってイエスマンになるのですが、彼はあの手この手で父親の矛盾点を突き、白黒はっき

りさせたがりました。

長男は幼いころから曖昧な言い方や論点のごまかしが我慢できないので、潔く過ちを認めない父親とは衝突ばかりでしたが、**今から思えば、それも歓迎すべき父子の議論**です。

長男の話し好きは、いつも彼を論戦に誘い込んだ父親の存在が大きいようです。ピンポンを返すように言葉を返す彼の直観力は、このようにして磨かれました。子どもに負けまいと真剣勝負で論争を繰り返していた弁の立つ夫が、しょっちゅう窮地に立たされていたものです。

また、親は子どもと議論する中で、反論と人格攻撃は違うということも学ばせたいものです。**反論を素直に受け止める姿勢を示すことで、建設的な議論のマナーを学ばせる**のです。いい議論を重ねれば重ねるほど、視点の違いや情報、価値観の違いから意見は違ってくるということが感覚的にわかってきます。

幼いころから親と積極的に議論をすることは、子どもの討論能力を育みます。子どもの頭が柔らかいあいだに「ディベートに必要な頭と心の使い方」を自然に学ばせる機会を与えたいものです。

6 ▼ 親の「価値観」を押しつけない
——対立する意見・価値観・視点から学ばせる

アンケート結果

考えを押しつけられると、対話する気がなくなる

私の両親は「安定した生活を送ることこそ幸せにつながる」と考えていると感じます。父は大学卒業以来、公務員として暮らし、母は専業主婦で、裕福とは言えないものの、しっかり子どもたちを養い、安定した生活を実現してくれました。

もちろんそのことには感謝していますが、両親は私にも自分たちと同じような人生を歩んでほしいと考えているらしく、名の通った大企業で働く必要があり、そのような企業で働くには有名大学に進学する必要があると考え、私を私立の中高一貫校に進学させるなど教育にも非常に熱心でした。

そのような考えであるため、進路について私が「経営規模にはこだわらず、自分のやりたい分野の企業に就職したい」と真剣に相談したところ、**頭ごなしに「大企業に勤めるべき」と言われて、それ以来、両親とは対話をあきらめてしまいました。**

（東京工業大学大学院情報理工学研究科Kさん）

自分の価値観でしか考えられない親に嫌気がさした

私は父親を反面教師としています。まじめで誠実ではあるのですが、自分の価値観に沿ってでしか物事を考えることができないのです。よい成績をとらなければならない、**（父が考えるところの）まっすぐな人間でなければならない、というような父の教育に嫌気がさしました。**

（早稲田大学政治経済学部Hさん）

意見のちがう相手も尊重できる「度量」を育てる

――いくらでも議論、反論できる安心感をつくる

かつての私は新聞を読んでも理解できない語句や記事などなかったのに、パソコンの普及以来カタカナ語が多くなり、記事を理解する前に語句がわからなかったり、語句の意味がわかってもその仕組みが理解できないといったことが多くなりました。

その時点で私は自分の時代遅れを悟り、知ったかぶりをして子どもの足を引っ張ることのないよう、自戒してきました。私が子どもに具体的にアドバイスできるのは誰が何と言おうと、人間関係におけるマナーと、お料理の調味料のだいたいの量だけです。

アンケートでも、親の価値観の押しつけに対する反発の声が複数聞かれましたが、**親が価値観を一方的に押しつけると、子どもは「何を言ってもムダだ」と感じて、やがて本気で親と議論をしなくなります。**家庭が、伸び伸びとコミュニケーションの力を養える場でなくなってしまうのです。

子どもの意見を尊重する親に育てられた子どもさんは、相手の意見を尊重してコミュニケーションする方法、つまり異なる意見を聞きながらも、自分の主張や希望を相手に伝えるという高度なコミュニケーション能力を家で学べます。

夫婦のあいだのコミュニケーション・スタイルも子どもに大きな影響を与えます。仲がよく、**互いの考えを尊重し合う両親に育てられた人は、結婚後、自分の伴侶にも思いやりのある言葉や話し方をする人が多い**ようです。

逆に、いつも命令口調で母親に話していた父親のもとで育った男性が、自分の伴侶にもつい命令口調になってケンカになりがちだという話をよく聞きます。

意見や価値観、視点の違う相手とのコミュニケーション方法を学ばせることは親の重要な役割です。これから生きていくお子さん方には、自分の思い通りにいかないことがたくさん待ち受けています。意見や利害が対立する人を避けて生きていくことも不可能です。

そんな中、**聞きたくない話にも耳を傾け、対立する意見や価値観をよく聞き、尊重することの大切さを子どもに教えてあげる必要があります**。自分の考えの述べ方や、場合によっては潔く自分の非を認めたり撤回できる柔軟性のある会話を、親が率先して示してあげたいものです。

明らかに子どもが間違っていたり、親として受け入れられない子どもの言い分でも、相手が子どもだからと**頭ごなしに否定したり、親の意見を無理に押しつけるのは大変危険です**。子どもはそれを真似てしまい、「違う価値観を受け入れ理解する」という大切なコミュニケーション能力を発達させることができなくなるからです。

7 ▼ 感情的にならず、理由をしっかりと伝えて叱る

──怒るのではなく、気づかせる

アンケート結果

叱るときは理由をきちんと説明してほしかった

改善してほしかった教育方針は、叱るときになぜ叱るのか、理由をきちんと説明してくれなかった点です。子どもが悪いことをしたときには、**なぜそうしたか聞いて、悪いことをした原因を一緒に解決してくれる親であってほしかった**です。基本的には、子どもをほめることで、常に肯定的な言葉をかけて育ててほしかったです。

（名古屋大学理学部物理学科Kさん）

感情的に怒らなければ、反抗期はすぐ終わる

私の母親は経営者だったゆえか、あまり温かみを感じませんでした。しかし翻って見ると、理不尽に怒ったりしたことはなく、**叱る際もその理由を論理立てて話してくれたので、納得するところがありました**。そのため反抗期は中学時代には終わっていたと思

います。子どもを叱る際にはただ感情的に怒るのではなく、何が悪いことなのかを納得させることが子どもを育てるうえで重要だと思います。

（青山学院大学経済学部Oさん）

体罰のせいで、他人に敵意を持たれることを極端に恐れるようになった

幼少期に体罰を受けたことは、（間違ったことをしたときに限った罰ではあったが）相手に敵意を持たれることを極端に恐れるという私の性格の形成要因となったのではないかと思う。

（東京工業大学大学院Hさん）

怒鳴りたい気持ちを我慢して、自分で間違いに気づかせる

――「理不尽な叱り方」をしていると必ず後悔する

親の叱り方・怒り方に関するコメントは今回のアンケートで多かったテーマの一つで、いかにそれが子どもにとって重要であるかがわかります。

怒ったり叱ったりすることはさまざまな意味で、高度なコミュニケーション能力が問われます。自分の感情をコントロールし、相手の気持ちを推し量りながら、どうすれば問題が解決するのかを考えなければならないからです。

ここで注意したいのは、**「親の怒り方」は、そのまま「子ども自身の怒り方」に直結す**

るということです。

感情的な親は、子どもがお箸を落とすだけでも激しく叱りつけます。子どもが幼児期にこのような親とのコミュニケーション上の恐怖を経験すると、**極端に親を恐れるようになったり、大人への不信感が生まれたりしてしまいます**。そして子どもは防御反応として嘘をつくことを覚え、素直さを失っていきます。これでは、子どもにとってなんの教育的効果もありません。

子どもが幼いからといって、理由も説明せず感情的に叱るのが習慣化すると、一生続く親子関係に禍根（かこん）を残すことにつながりかねません。

一方的に子どもを理不尽に叱っていると、**子どもが思春期になって頭ごなしの物言いが通じなくなってくると、うまく意思疎通ができなくなっていきます**。このころになってようやく「もっと子どもの考えを尊重しよう」と思っても、今度は子どものほうが親を受け入れにくくなっていたりします。

子どもが親の理不尽な叱り方に黙って耐えている時期は、長い人生を考えればそう長くはありません。この時期に親として**感情的な叱り方をしていると、その後悔は、子どもが巣立ったあとの長期間、ずっと続くことになる**のです。

どれほど難しくても絶対に感情的に叱らず、とくに大事なことは誠実に教え諭し、子どもが自発的に過ちに気づくように仕向ければ、自ずと子どもの反応は変わります。

私ごとで恐縮ですが、私の母は決して苦労が少なかったわけではありませんが、性格はとても穏やかでした。よく「子どもは神からの授かりもの」とか「社会からの預かりもの」などといいますが、まさにわが母は7人の子どもに対してそのように接した人でした。小言や説教は一切なく、私は感情的に叱られた思い出がほとんどありません。

かといって、しつけをせずに放置をしているわけではなく、そんな母も一年に一度くらいは、兄や姉の誰かをこんこんと説教していることがありました。とても静かな説教でした。**子どもに本心から間違いに気づかせるような、穏やかな話し方**でした。そんな母親を困らせたいと思う子どもがいるわけはなく、私たちきょうだいは、母が悲しむことはしない、嫌がることはしないということを不文律として動いていたところがありました。

ついいろいろな理由で、子どもにも感情を爆発させてしまいがちになるのが育児中の親ですが、そこはぐっと堪(こら)えて、深呼吸をしながら、**「私は動物の調教師ではない、大切なわが子の教育者だ」**と自らに言い聞かせましょう。そして冷静になって子どもの言い分を聞き、なぜいけなかったか、その理由を自分で気づけるように仕向けてあげましょう。

III 心を通わせる習慣を身につけさせる

8 ▼ 感謝することの大切さを教える

——家族でも必ず「ありがとう」と言い合う

アンケート結果

「感謝すること」で努力できるようになった

私の両親は、私に繰り返し、**自分を支えてくれているすべての人に「感謝すること」の大切さを伝えてくれました。**それは現在の私の体幹を貫いています。予備校や大学生活なども、親にお金を出してもらって行っているのだから、精一杯まっとうしなければならないと考え、自分のできる最大限の努力をしてきました。

（慶應義塾大学Yさん）

小さなことにも幸せを感じられる育て方をしてほしかった

私の両親は、スポーツでも勉強でも、私が一番でないと喜ばない人で、いつもそうなるように教育されました。それで部活でも友だちと遊ぶときも、私自身一番でないと気が済まず、よく友だちと摩擦（まさつ）が起きました。一番でなくとも楽しむことや、**小さなことにも感謝できる、心に余裕の持てる育て方をしてほしかった**です。

（一橋大学Nさん）

「感謝の習慣」が人格的な魅力をつくる

――感謝できない人は、信頼されない

日常のコミュニケーションで最も大切なのは、感謝の気持ちを伝えることだと思います。信頼関係や深い人間関係の基本は、感謝する気持ちです。私は**感謝する気持ちを持てないがために、周囲の信頼を得られず自滅する人**を数多く見てきました。

私の家の近所に複数の省庁の合同庁舎があります。2～3年ごとに中央からエリート幹

部が出向してきます。人格的に優れている幹部は、**普段から部下の仕事にも、「ありがとう、おかげでこの仕事が早くできたよ」などと感謝の言葉を添えられる**のだそうです。

注意するときは誰もいないところで、「あの仕事、よくできていたけれど、この部分はまずいからやり直してくれる？　いつも助かっているよ」といった具合です。

部下たちは、「彼が霞ヶ関に帰ったあとも、彼が要請してきた仕事なら、いつでもひと肌脱げる覚悟がある」と口を揃えます。

地方のこの省では、仕事の性質上、どんな幹部が来ても、実際には部下のやるべきことはそれほどは変わらないと彼らは言います。それでも上司によっては信頼できるどころか邪魔をしたくなる人がいるようで、そんな上司には部下の立場で、わざと仕事を遅らせたりするそうです。

周囲に感謝し、それを表現して信頼関係を築けるかどうかは、仕事をしていくうえで大きな差が出るようです。

周囲の親を見ましても、感謝を知らず、いつも不平不満でいっぱいの人が大勢います。

感謝すべきときと相手に感謝することを知らず、子どもからもらったプレゼントが安物だとか、友だちのほうがたくさん旅行しているといった不満を言うのを聞いていると、いくらおカネは持っていても、すごく貧しい人たちに見えてきます。

そのような人が親だと、子どもは反発を覚えながらも、気がつけば似てきたという例をたくさん見てきました。

心を澄ませば、周囲は細やかな喜びや楽しみ、感謝すべきことで満ちあふれています。親が足るを知り、**小さな喜びや楽しみを見出すことができ、感謝する心で日々を過ごしていれば、そんな姿勢に子どもは影響を受ける**ものです。

私の姪夫婦は、細やかなことにも大げさなほどお礼を言う性格です。よく、どんなにおいしいお料理が出ても何も言わずに黙々と食べる、料理の作りがいのない夫が話題になりますが、姪の夫は必ず妻への感謝を忘れず、「ありがとう」と言います。そんな夫婦ですから、子どもが新聞を取ってきても、玄関で靴を並べても、子どもに「ありがとう」を忘れません。

この夫婦は子どもがごく小さいころから、お礼を言うべきときには必ず「ありがとうは？」と促していました。それは**他人に対してだけでなく、家族間でも欠かしてはいけない挨拶**のようでした。この夫婦の子どもに「かわいいね」と言ってあげると、いつも「ありがとう」と心から喜んでくれます。この子がまだ幼稚園に行く前でしたが、私に会ったとき、幼な心に何かお礼を言わなければと思ったのでしょうか、先に「いつもかわいいと言ってくれて、ありがとう」と言ってきて驚かされたものです。

細やかなことにも感謝を忘れないこの家族は、誰に対しても誠実そのもので、それを言葉で感謝するというとてもわかりやすいかたちで表現しています。周囲からとても信頼を得ている夫婦です。

言葉にせず心に思っているだけでは、相手に伝わらないことが多いものです。挨拶や感謝の気持ちを、出し惜しみするかのようにうまく言えない人がいますが、これが積み重なると、人間関係にヒビが入ります。

勉強で一番になることだけが大切であるかのように思って育ち、人間関係がうまく築けずに苦労する子どもさんが多いものです。

「親しき仲にも礼儀あり」をまず家族間で徹底する家風をつくり、**感謝する気持ちとそれ**

を言葉と態度で表現する「感謝する習慣」をつくってあげることが、将来、子どもの人間関係を大きく左右することを強調しておきたいと思います。

9 ▼ 相手の立場に立って考える癖をつけさせる

——弱者の痛みがわからなければ信頼されない

アンケート結果

相手の気持ちを汲み取ることが一番大事

何を優秀と定義するかは人それぞれだと思うが、私は**相手の気持ちを汲み取れることが一番大切だという教育を、親から受けました**。そのためには、相手の立場に立って考えることをいつも心がけるようにと言われました。

（某大学Tさん）

他人の気持ちを重んじる教育だった

私の両親は「自分がされて嫌なことは、他人にはするな」「自分ができないことを人に強制するな」「他人の気持ちを読める人間になれ」と口がすっぱくなるほど私に言っていました。

（東京大学大学院情報理工学系研究科Tさん）

人を思いやることの大切さを学んだ

私の父は、仕事がどんなに忙しくとも、家族一緒に過ごす時間を大切にする人でした。そんな両親から、**幼いころより、「女の子や弱い者イジメは絶対にいけない」と教育されました。**そして家族を大切にし、常に他人にも優しい眼差（まなざ）しや心配りを忘れない両親の姿から、他者を思いやることの大切さを学びました。

（一橋大学Oさん）

立場の弱い人を思いやる気持ちを育む

――親のちょっとした言動が子どもの感性を大きく左右する

コミュニケーション能力を語るうえで忘れてはならないのは、相手の気持ち、特に弱い立場にある人々の気持ちを思いやれることだと思います。そして**この感性は心が純粋な幼少期の体験と、親の感じ方、考え方に大いに左右されます。**

私自身が日本の社会ではマイノリティであることから、何でも少数者や弱者の視点で物事を見る癖がありますが、そのことが子どもたちにも確かに伝わっているように思います。

私の次女は小学校の担任の先生方から「私のお給料を少し、この子に渡したい」とよく言われました。先生の先回りをして、頼まれてもいないのに先生の雑用からお友だちが嫌がる役割まで、いつも率先して引き受けていたそうです。

その娘が小学1、2年生だったころ、運動会のかけっこで、まわりの子より一足先にスタートを切りました。よく見ると彼女はタンバリンを一生懸命叩き、横を見たり振りむいたりして踊っているような足取りで、全力疾走していません。さらに目を凝らすと、そのタンバリンの音に誘導されて、村田くん（仮名）がトラックを走っていました。

村田くんは視力を徐々に失いかけていて、このときは全盲寸前だったそうです。保護者席のあちこちから、「自分の子だったら、タンバリンの役目は辞退させたと思う。事故が起きたらどうするの？」「でも村田くんが、彼女の誘導なら走ると言ったそうよ」「先生から見ても、任せられる人は彼女だけだろうしね」等々、いろいろ聞こえてきました。

タンバリン役が娘に任された本当のいきさつを私は知りませんが、その役を任され、目立つのが嫌いな娘が立派にその役目を果たしていることが母親として嬉しかったです。

娘が誰からも好かれていたとまで言うと親ばかになりますが、小さいころから弱い立場の友だちに心を寄せる次女には、この種のエピソードがたくさんあります。しかもそれは先生やママ友からのお礼で私が知ることになりました。

長男のムーギーは幼稚園時代から体が非常に大きく、遊ぶときは仕切り役で、仲間に命令調で話すことも多かったようです。

一度ですが、先生を通じて、気の弱い子とその母親から「子分扱いにされている」という苦情が寄せられたこともありました。本人にはそのつもりがなくとも、相手がそのように受け取っているならそれはいけないことだと厳しく注意しました。

そんな息子が低学年のとき、クラスに幼児期の高熱で歩行や会話が困難なあゆみちゃん（仮名）という子がいました。**「自分より弱い人には優しくすべき」**ということが理解できていたのか、息子はあゆみちゃんをいろいろな面でサポートし、守ったようです。あゆみちゃんのお母様から随分感謝され、リハビリであゆみちゃんが休校中も、息子の誕生会には母娘で来てくださいました。のちにあゆみちゃんが書く自伝にも、当時の息子への感謝が記され、息子と二児のママになったあゆみちゃんとの交流は現在も続いています。

また、ある日私の知人の冗談に、黒人に対する偏見があったとき、彼は激しくその人の無知を憎み、そんな人と付き合っている私が理解できないと憤ったこともあります。

私は高校野球もそうですが、国際的なスポーツ試合全般を純粋に楽しむことができません。明らかに経済的に劣っていたり、気候面や施設の面などの条件が悪く、伝統的に弱いほうばかり応援してしまうからです。

子どもたちが小さかったころ、サッカーの大きな国際大会があったとき、気がつくと子どもたち全員が、全然なじみのないアフリカの小さな国を応援していたことがありましたが、これには私のほうが驚いたものです。**母親の影響はここまで大きい**ものなのです。

社会的弱者に対する心配りがない親に育てられた子どもは、それが正しくないと気づくまでに時間がかかったり、**失敗を重ね、人を傷つける側に立ってしまうこともあります**。学校内でのイジメのニュースが後を絶ちませんが、自分より弱い存在に寄り添う思いやりを、親子で育める家庭でありたいものです。

10 ▼ 動物を通じて思いやりの心を育む

──ペットの飼育からこれだけのことが学べる

アンケート結果

動物を大切にする両親から、優しさを学びました

私の親は大のペット好きで、**金魚やインコの世話をよく一緒にしていました。**生き物の命を粗末にすることを極端に嫌い、蚊やゴキブリですら、捕まえては殺さずに外に逃がしていました。『蜘蛛(くも)の糸』など、小さな生き物の命でも大切にすることを教える本もいろいろと読んでくれました。強い人間が傲慢にならず、弱い動物を守ることの大切さを教え諭されました。

（慶應義塾大学Kさん）

ペットを飼ったことが、自分を思いやり深くしたと思います

私は動物好きの祖母と父の影響で幼少期からさまざまなペットに囲まれて過ごしてきたのですが、ペットが生まれるときからなくなるときまでずっとそばで世話をしてきたので、**人間だけでなく生き物全般に対して思いやりや責任感、命を大切にする気持ちが**

育まれたと思います。

（慶應義塾大学Mさん）

子どもは動物を通して「優しい心」を知る
――豊かな感情は生き物が教えてくれる

わが家では、**子どもたちが家族以外の人の痛みに共感できる心を養ううえで、動物の命を扱う読書が一番貢献してくれました**。

私は、増え続ける本のスペースの問題で、本棚の本を定期的に処分しています。大切な全集や愛読書も、「私は学者ではないのだからいつもそばに置いておく必要はない」と自らに言い聞かせ、泣く泣く断捨離しているのです。

そんな私に娘が、「これだけは処分しないで」と言った一冊に、『かわいそうなぞう』があります。

娘はこれを、本がすりきれるくらい何度も読んでいました。戦争中、上野動物園が空襲に遭って猛獣たちが檻（おり）から逃げると危険だという理由で殺処分命令がくだるという、あのお話です。ライオンや熊たちは毒入りのエサを食べさせられて死にますが、トンキーたち3頭のゾウは、毒入りのエサを吐き出して食べません。

仕方がないのでエサを与えず餓死させる方法が採られるのですが、お腹を空かせたトンキーたちは、一生懸命飼育員に芸をして、エサがほしいと訴えるのです。結局はトンキーたちは順番に餓死していきます。

『フランダースの犬』も何度も読んでいました。人間にこき使われて死にかけていた老犬・パトラッシュを拾って家族として暮らす、両親のいない貧しい少年ネロの物語です。唯一の親友アロアとも、その父親や村人の誤解がもとで遊ぶことを禁じられ、面倒を見てくれていた祖父も亡くなり、ネロは行き場を失って命を落とします。まわりの誤解がとけたときは、すべてが手遅れでした。

この本にも人と犬の関係、両親がいないこと、貧しいとはどういうことか、名画に対する憧れなど、**子ども心に響く話題が満載**です。

涙を流して何度も読んでいたそれらの本を、ある時期からは娘は「読めなくなった」と言いました。トンキーやネロたちの心の痛みに触れるのがつらいほど、娘の心も成長したようでした。家族の中ではこの娘の本が一番多く、本棚の入れ替えも一番頻繁ですが、それらは今も大切な本のリストに入っています。

年齢に応じて書かれた**良書の読書ほど、優しさや他者の痛みを思いやる心を育んでくれるものはありません**。子どもが純粋な時期に、戦争の悲劇、貧しい人の不幸、それに負けない勇気や生き方、人と動物の関係、夢を持つことなどについて、物語の世界を通して考えさせてあげてください。

ペットの世話で「命への責任感」を育む

動物の物語の話が出たので、少し付け加えたいのですが、**他者への思いやりや共感を育むうえでよかったと思うのがペットの飼育**です。

わが家ではさまざまなペットの出入りがありました。私は人間の世話で手いっぱいですので、**飼うかどうかも、何を飼うかも、子どもがすべて自分たちで決めていました**。私は生き物が苦手ですので、一切私の手が借りられないことも、子どもたちは承知しています。

熱帯魚、クワガタ、インコ、ひよこから鶏、リス、亀、イグアナ、犬まで、それぞれ学校へ行く前にかいがいしく世話をし、散歩に連れていくなど、朝から騒がしく忙しいのですが、いつも楽しそうでした。

ペットの世話から朝が始まるのは、リズムよく一日が始まり、子どもたちの「やる気」が朝からフル回転で、元気よく学校に出かけられますし、下校時もお友だちを連れてきてペット自慢をして、生き物への愛着も深まり、いいことずくめでした。

ペットを飼っていると、彼らとの死別が必ず訪れます。ペットが死んだとき、子どもたちがあまりに嘆き悲しむので、私は慰めるどころか「だからペットは飼うなと言ったでしょ」と非情に叱るだけでしたが、**彼らが学んだことは小さくなかった**と思います。子どもたちはいくら悲しい思いをしても、また次々と小さな生き物を家に連れてきて、最後は自分たちの手でとても丁寧に葬っていました。

友だち関係がうまく築けない孤独な青少年が起こす猟奇事件の前触れに、小動物への虐待が見られることがあります。幼少期から動物を愛し、それを見送る体験は、優しい心を育み、良好な人間関係を築くうえでも、とても貴重な体験だと思います。

第4章のPOINT

意見、価値観、考え方、事実認識の違いを超えて信頼関係を構築する能力

頭がよく、学歴も高く優秀な人がたくさんいる中で、最も大きな差がつくのがコミュニケーション能力だといいます。

記憶力や思考スピードの差は、優秀な人たちのあいだではたかだか知れています。ですが、「相手の気持ちを理解する力」「反対する意見をうまくまとめる力」「価値観を押しつけない柔軟性」「相手に感謝する習慣」や、「社会的弱者に共感する」という本当の意味でのコミュニケーション能力は、幼少期からの育て方が大きく影響すると思います。

本章では、コミュニケーション能力とは、単に話がうまかったり面白かったりすることではなく、相手の気持ちや考え方を尊重し、弱者の痛みに共感し、違う認識や価値観を乗り越えて深い信頼関係を結ぶ能力だと学んできました。

それでは、本章で学んできた、子どもに本当の意味でのコミュニケーション能力を育むうえで大切なことを、以下でおさらいしたいと思います。

コミュニケーションに慣れさせる

1. **「社交の場」に参加させる**

子どもが両親以外の大人と自然にコミュニケーションの機会を持てるようにしてあげていますか？　幼少期からの対人コミュニケーションの「場慣れ」が、対人コミュニケーション能力を育みます。

2. **「書く習慣」を身につけさせる**

子どもに書く習慣を身につけさせてあげていますか？　とくに簡潔に文章を要約する能力は、勉強や仕事の生産性を大いに発達させます。

3. **外国語教育は、幼少期から慣れさせる**

子どもの語学教育を学校のカリキュラムに任せきりにしていませんか？　親世代の時代に比べて、外国語能力の有無が仕事の選択肢を大きく左右する時代に変わってきています。

4. **小さいころから「何でも話せる相手」になる**

子どもと何でも話し合うことができていますか？　日ごろ、子どもの一番そばにいる親と「何でも話せる関係」を築けているかどうかが、子どものコミュニケーション能力の発達に大きく影響します。

異なる視点・価値観・感情を理解させる

5. 子どもと積極的に議論せよ

子どもの議論の相手になってあげていますか？　異なる意見に冷静に対処する力、違う視点や価値観を受容して建設的に合意を形成する力は、将来のリーダーシップを大きく決定づけます。

6. 親の「価値観」を押しつけない

親の価値観を子どもに押しつけてしまっていませんか？　異なる価値観を押しつけてしまうと、子ども自身も自分の価値観を押しつける偏狭な対話能力しか持てなくなります。

7. 感情的にならず、理由をしっかりと伝えて叱る

子どもを感情的に叱りつけていませんか？　親の怒り方は、子どもの怒り方に大

きな影響を与えます。叱るときは感情的に怒鳴るのではなく、叱る理由をしっかりと伝え、内面から自発的に気づくように誘導してあげることが重要です。

心を通わせる習慣を身につけさせる

8. 感謝することの大切さを教える

子どもに、小さなことにでも感謝する習慣を身につけさせていますか？　感謝の気持ちを伝えることが、信頼関係を他人と構築するうえで最も重要なコミュニケーション能力です。

9. 相手の立場に立って考える癖をつけさせる

相手の気持ちになって考える習慣を身につけさせてあげていますか？　特に力や立場の弱い相手の視点で物事を感じ、考えられるかどうかで、思いやりある意思疎通ができるかどうかが決定づけられます。

10. 動物を通じて思いやりの心を育む

動物の命の大切さを育むことは、弱い人間に対する思いやりを育むことにもつながります。ペットを飼い、最後まで寄り添う経験をさせることは多くの場合、生き物全般への深い愛情と思いやりを育みます。

第5章

これで自分から「勉強」するようになる

放任や強制より、「動機づけ」が大切

本章を読む前に――ムーギー・キム

子どもは「自由」にしても、「強制」しても勉強しない
――モチベーションと習慣・環境が大切

「ムーギー、いい加減に、勉強しなさい‼」
「嫌や、絶対に嫌！」
「いいから、勉強しなさい！」

これはわが家の毎日の不毛な押し問答の再現だが、本章を読めば**いかにこの「勉強を押しつけようという親の試み」が見事に失敗に終わるか**おわかりいただけるだろう。

一方で、どんな子どもにも勉強は自主放任、という立派な方針が効くわけではない。今回のアンケートで最も多かった回答の一つが〝自主的に任せたほうが、勉強を強制するよりいい〟というものだが、**全国一千万の〝普通の子どもの親御さん〟は、決してこれを鵜呑みにしてはならない**。彼らは自発的に勉強したがる知的好奇心旺盛なタイプだったからこそ自主性に任せても大丈夫だったのである。

私がそうであったような放蕩(ほうとう)息子は、自主性に任せても絶対に勉強しないし、反対に強制しても梃子(てこ)でも動かない。子どもに勉強させるうえで大切なのは、子どもだけでなく〝人を動かすときの基本〟と同じく、**モチベーションをうまく刺激してやること**なのだ。

勉強のさせ方に関するアンケートの回答は、以下の10点に分類できる。

「習慣づけ」をする

1　勉強を強制しない
2　幼少期に「学習習慣」を贈る
3　楽しく思考力を伸ばす

「勉強への動機づけ」をする

4　勉強の「メリット」を教える
5　教育環境で子どもは決まる
6　勉強での「競争意識」を育む
7　「報酬」を与えて勉強させてもいい?

8　結果重視VSプロセス重視
9　とりあえず大学には進学させるべきか？
10　勉強至上主義で育てない

「勉強観」を育む

勉強を上から強制しても効果はないということが異口同音に述べられる中、では**子どものモチベーションを高めるうえで一番大切なのは何かというと、それは学ぶ楽しさを教えること**に尽きる。

実際私の周囲にいるとびきり賢い人に幼少期の勉強について聴けば、レゴにはまっていたとか、囲碁（いご）、将棋をお父さんがよく一緒にしてくれたとか、頭を使う楽しさを教えているケースが多い。

東大医学部から外資系金融機関に進みトレーダーとして大活躍した天才兼秀才の知人も、幼少期に大相撲にはまって、毎場所、番付と取り組みの決まり手をすべて暗記していたことが記憶力増強の良い訓練になったと語る。好きなことを追求する過程で副次的に学力が伸びるのはよくあることなのだ。

またこれらの家庭の多くでは、子どもが不思議がるように「なぜ？」「なぜ？」と問い続け、**幼な心に「疑問が解ける喜び」を味わわせ、理解する喜びを体験させていた**という。教育者にとって一番大切な仕事は、「学ぶ楽しさ」を教えることだと私の恩師は言っていたが、その言葉を全国の親御さんにも贈りたい。

子どものタイプによって勉強のモチベーションの源泉は違う。思えば私の親は、勉強を強制しようとすることを途中であきらめ、私が勉強を自発的にするように仕向ける工夫をいくつも行っていた。

その最たる例が、あまり世間様に大声で言える内容ではないのだが、**小学校の塾で一番になったら1万円というインセンティブ制度**だ。これで私は俄然勉強する気になり頑張ったものである。なぜなら当時の私は、自分の小遣いの範囲内で熱帯魚を飼っていたのだが、大きな水槽と大きな熱帯魚がほしくて堪らなかったのだ。

現金の例は生々しく見えるかもしれないが、「報酬で釣る事例」自体はことのほか多い。私の香港の弁護士の友は、子どものころ勉強嫌いだったらしいのだが、動物が好きで「ぺットがほしい」と親に言ったところ、「模擬テストでいい成績を取ったらハムスター」「学校で成績が一番になったらウサギ」「受験に合格したらポメラニアン」という具合に親につられて勉強を頑張ったという。何ともほほえましい「報酬」ではないか。

私の場合は残念ながらおカネでつられた。しかしモチベーションの源泉はそれだけではなく、他にも大きかったのは、やはり母の頑張りであった。

母親が私を志望校に入れるため、あまりにも誠心誠意頑張っていたので、その頑張りに報いるべく勉強したものである。

ある日、深夜の2時くらいにたまたま目が覚めたとき、私の寝室の隣から明かりが漏れていた。こんな遅くに何だろうと思って見てみると、**母が机にへばりついて一生懸命私の志望校の問題を解いていた**のだ。

その情景はいつになっても忘れない。このとき、「本当に私のためにこれほど頑張ってくれているのだ」と心に沁みわたり、ありがたいやら申し訳ないやらで、何度も押し入れに隠されては新たに購入を繰り返していたファミコンを断ち切り、私も頑張ります、と心に誓ったものである（結局は断ち切れなかったけど）。やはり**受験勉強は傍らにいる親の頑張りが、子どものモチベーションになる**のだ。

なお振り返って残念なのは、「なぜ勉強をしなければならないのか」「なぜ勉強をしたほうがいいのか」に関する答えを全然知らないまま勉強に駆り立てられたため、「勉強への納得感」が弱く、モチベーションが自発的に湧いていなかったことである。

子どもに勉強をさせるのも会社で人に動いてもらうのも共通して**大切なのは、つまるところ「なぜこれをしなければならないのか」という納得感の醸成**である。

幸い結果的に入学できた進学校では、もはや親から何か勉強に関して言われることはなくなった。しかし周囲の同級生が勉強していたので、引きずられて自然と勉強する習慣をつけることができた。**子どもに勉強させるうえで、この「周りの人も頑張っている」という環境要素は決定的な影響力を持つ。**

なお、勉強させる際に「勉強至上主義の価値観」に子どもを染め上げては絶対にいけない。さもなければ子どもの価値観が狭くなり、人を判断するときに学校名やテストの偏差値でしか判断できない、視野狭窄でそれはそれは小さな人間になってしまうだろう。

2章の冒頭で登場した、巨大投資会社の支社長になっている友人は、**「勉強で一番大切なのは、自分が得意な分野を見つけ、社会貢献を通じて周囲に感謝され、承認される喜びを教えること」**だと語っていたが、子どもに教えるべき「勉強」とは、決してテストの得点を上げることだけではないのである。

それでは以下に続く本編で、勉強を強制するのではなく子どもが勉強を自発的にしたくなるような方法に関し、パンプキンとともに議論していきたい。

Ⅰ 「習慣づけ」をする

1 ▼ 勉強を強制しない
――無理やり勉強させると、自分から勉強しなくなる

アンケート結果

子どもに無理強いせず、興味を持たせることが大切

私の親は、私に勉強を無理強いしたことがありません。

子どもが何かをする際に力を発揮するのは、それに対して本当に興味があるときだけだという考えです。

具体的に何かをさせることに努めるのではなく、それに対して自然と興味を持つように仕向けてくれました。

（東京大学大学院工学系研究科Fさん）

勉強は強要せず「機会を与える」という程度

私の両親は子どもに何かを強要することはなく、成長する機会を用意するに止めるという方針で、私を育ててくれました。わかりやすい例は勉強に関することで、勉強をしろということは一切言わず、**こちらがもっと勉強したいと言うと塾で学ぶ機会を与えてくれました。**

（東京大学大学院工学系研究科Ｍさん）

受験だけ成功させても意味がない

幼少期から一貫していた教育方針は、「勉強は子どもの自主性に任せる」というものでした。無理に勉強を詰め込んだところで、伸びない子は伸びないということです。**納得感のないままそのときだけ頑張って仮に大学受験は根性で乗り切ったとしても、その後伸びきったゴムのようになってしまう**と言っていました。私が道を踏み外しそうになったときに、そっと元にもどしてくれるような教育でした。

（東京大学大学院工学系研究科Ｉさん）

教育を「ギフト」と考えてくれた

私の両親は、教育は、私の将来に投資する「ギフト」だと考えていました。たとえば両親は一度も私に勉強をしろなどとは言わなかったが、私が留学したいと言った際も、修士課程に進学したいと言った際も、**両親はそれを私に対する将来の投資だと考えて、理解してくれました。**

（東京大学大学院経済学研究科Hさん）

強制するのではなく、「背中」で教える
――親自身が勉強する習慣を持つ

中高生の子どもが「勉強しない」と嘆く親御さんの話を聞いていますと、**小学生のときに、何も手を打っていないことが多い**ものです。そのような親御さんに多いのは、自分の行動が、子どもの将来にどれだけ重要な意味を持つかという認識に欠けていることです。

育児中の親で忙しくない人はいません。しかし子どもが勉強しないと嘆く親御さんほど、自分はいつもテレビにかじりついているか、お付き合いなどで外出していることが多いものです。つまり、親自身が「子どもの教育第一」の生活をしていないのです。「子どもが勉強したくなる環境づくり」を最優先に考えて自分の時間配分をしている親御さんの子どもさんとは、ここでまず大きな差がつきます。

アンケートでは、親が教育を「ギフト」と捉えていたという学生さんがいました。考えてみると、**押しつけるものではなく、人生のためになる貴重な贈りもの**という考え方です。これはまったくそのとおりです。

「勉強しなさい」と言葉だけで強要し続ける親御さんは私の周囲にも多いのですが、やがて「お願いだから勉強して」とか「頼むから勉強して」という言葉が加わるようになります。そのようにお願いしている時点で、それが「親から子へのギフト」だという発想がなくなっています。そして勉強嫌いの子どもが、**「親のために勉強をさせられている」と勘違いすることにつながる**のです。

大切なのは勉強を強制するのではなく、自然に勉強ができる環境を整えてあげることです。これは決して立派な勉強部屋を与え、教育費をふんだんにかけることではありません。

まず、最低限のこととして、子どもが勉強しようとしているのに、親が大きな音でテレビを見ていたりするのは問題外です。夫婦で口うるさくケンカを繰り返しているような環境も、子どものやる気を引き出せるはずがありません。

また、子どもが何から手をつけてよいのか迷っているようなときは、やるべきことを教えてあげることです。そのためには親自身、今子どもが何を習っているのかぐらいは把握しておくことが必要になります。

子どもにとって最も大切な勉強環境とは、そばにいる親自身が「学習習慣」を持っていることです。

私の友人で大学教授をしている方々や、知的で人間性も優れていて〝自主放任〟をうたっている方々を見ていると、一つの共通点があります。彼らや彼女たちは、子どもに勉強するように言葉で言うことはないものの、**自分自身が常に本を読み、学習している姿を見せている**のです。ここでも、やはり子どもは親の影響を強く受けます。

親は何も努力せず、子どもの指導を塾や家庭教師に丸投げして、言葉だけで勉強を強要しても効果はありません。子どもが自然に学習習慣を持てるように、親自身が日々の行動で見本を見せてあげたいものです。

2 幼少期に「学習習慣」を贈る

――幼少期の学習習慣は人生を通じて継続する

アンケート結果

小さいときから「学ぶ習慣」をつけてくれました

母親に勉強する習慣を無理やり身につけさせられました。**幼少期から遊び要素の高い学習をする時間を毎日規則正しく管理されました。**成長してからは、母親が何も言わずとも自然と勉強するようになっていました。

（東京大学Iさん）

中学に入るまでは厳しくしつけ、その後は自主性に任せる

子どものころに厳しく勉強させてもらったので、学習習慣が身についてよかった。中学生になるまでは厳しく指導していき、それ以降は自分のやりたいようにやらせてやるのがよいと思う。**親があまりやかましいと家が険悪になるし、自立した大人にもなれないのではないか。**

（一橋大学商学部Bさん）

学習習慣と学ぶ自信は、中学生になるまでにつけてあげる
——楽しみながら勉強できる工夫

アンケート結果では、何かと自主放任で育ったという答えが多かった一方で、**「最初の学習習慣は、親からつけられた」**という回答も多かったことに、少しほっとしています。

私同様、このことに勇気を得る親御さんは多いのではないでしょうか。いわゆるエリート学生さんたちも、みながみな生まれつき勉強好きの天才、秀才ではなかったということです。

幼少期の学習習慣は、子どもの人生を通じて大きな影響を及ぼします。人によっては一番力を発揮する時期は違い、この時期を過ぎてもいくらでも巻き返す人はおられますが、**勉強嫌いな子でもこの時期に学習習慣を身につけてやることは、どの時期よりもたやすい**のです。私の経験からですが、小学生時代の子どもの頑張り体験は、受験の成功の有無にかかわらず、その子の秘めた力あるいは地力になり得ます。

幼少期に身につけた学習習慣や、「やればできる」という自信は生涯続くものです。

勉強嫌いだったわが息子二人は、性格も考え方も随分違います。それでいて、二人が共

通して言っていることがあります。**中学受験のときに親子で一緒に頑張った体験が、その後の踏ん張りどころでいつも力になっている**というのです。そしてそのときの成功体験が、やればできるという自信になっているといいます。

勉強させるのに悪戦苦闘した親として、この言葉以上の子どもからのお礼返しはありません。

それでは、子どもに学習習慣をつけるために親が気をつけるべきこととは何でしょうか。

それは、**朝起きれば歯を磨くのと同じように、家族の自然な生活リズムに、子どもの勉強時間を組み入れること**です。小学生のころ、わが家の息子たちは、いくら言っても自分だけでは勉強しなかったので、私自身がついて一緒に勉強することに決めました。

夕食前の1時間を一緒に勉強する時間と決めて、その時間はどんな都合が生じようとも勉強時間にしました。中学受験の前の半年は、朝食前の1時間勉強も習慣に加えました。

また、**勉強の時間を「苦しい時間」にしないこと**も大切です。

社会にしろ理科にしろ、子どもの勉強科目は、私にとっては30年前にさっと素通りしただけのことばかりでした。中学受験の算数に至っては、見たこともないような問題ばかりです。でも息子の前で、私がその問題を解くのに苦しそうにモタモタしていては、話になりません。

全部前もって、忙しい家事の合間に予習しておき、息子の前では「これはものすごく簡単な問題よ」と言わんばかりに、**パズルのピースでもはめていくかのようにスラスラと解き、しかし解き方は噛んで含めるように教えていった**のです。息子は遊びの延長のようにすんなりとその時間を受け入れ、母子学習が習慣になるのに、時間はかかりませんでした。

そして勉強の目標を手の届く範囲の少し上に設定させ、小さな成功体験を積み重ねさせることが学習の習慣化につながります。子どもは勉強をし始めるタイミングが少しくらい遅くても、**成功体験を持つと、眠れる獅子が目覚めたかのように、目標に向かって主体的に取り組み、集中力を発揮するもの**です。

中学に入るまでの時期にこの学習習慣をつけてやれば、その後は放っておいてもその習慣が子どもを導いてくれることでしょう。

3 ▼ 楽しく思考力を伸ばす
――「なぜ」と問いかけよ

アンケート結果

たくさん論理的な質問をしてくれた

父に感謝していることは、論理的な思考を教えてくれたところです。いつも、私に問題を出していました。「なぜ目は見えるのか？」などです。**それらの問いかけのおかげで、好奇心の強い人間に育った**と思います。「なぜ」と問いかけ、子どもの興味を引き出す教育が重要だと思います。

（慶應義塾大学大学院理工学研究科Kさん）

質問を質問で返して、考えさせてくれた

両親は常に私に問題を投げかけたり、質問を質問で返すことで思考力を伸ばしてくれました。**問題を与えること、質問で返すことによって、子どもは自分で考え、思考力を伸ばせるようになる**と思います。

（早稲田大学創造理工学部Fさん）

親からの問いかけが「考える習慣」をつくる
——ヒントは出しても、決して答えは教えない

子どもに「なぜ」と問い続けることが、子どもに考える習慣をつけさせるうえで極めて有効だという答えが、アンケートでいくつか見られました。

この「なぜ」と幼少期から問い続ける教育法に関しては、友人から聞いた育児法を思いだします。彼女は日本で生まれ、日本で教育を受けたのですが、アメリカで育児を経験しました。彼女の夫ジョンソンソン氏（仮名）は、酵母遺伝学を専門とする世界的に著名な科学者なのですが、彼の子どもへの接し方には彼女も感心したそうです。

彼は子どもたちに決して**幼児語で話しかけることはなく、幼いころより子どもを一人の人格として、いつも対等に付き合っていた**というのです。

ジョンソン氏は、学校の勉強にせよそれ以外の学習にせよ、子どもに丁寧に教えることを得意としていました。その教え方が、私たち平均的な日本の教育を受けた者から見ればユニークです。

まず子どもに、自分で考えたいろんな問題を出してあげて、疑問を持たせたり不思議がらせます。それからそれを解く方法のヒントを与え、解いていく楽しみや解けた後の喜び

を体験させるもので、**答えは絶対に教えなかった**そうです。

ジョンソン氏考案の考えさせる遊びに「is to」（イズ・トゥ）遊びというものがあります。少し長くて恐縮なのですが、以下に紹介いたします。

〈幼児期の子どもへの問題〉
問題：夏は雨に対して、冬は？（Summer is to rain as winter is to）
答え：雪（snow）
問題：太陽に対して地球なら、地球に対しては？（Sun is to earth as earth is to）
答え：月（moon）

〈小学校低学年の子どもへの問題〉
問題：線に対して正方形なら、正方形に対しては？（Line is to square as square is to）
答え：立体（cube）
問題：国会にとって大統領なら、議会にとっては？（Congress is to President as Parliament is to）

答え：首相（Prime Minister）

などなどです。子どもたちは喜んでこの遊びに興じ、一生懸命自分で調べて答えていたそうですが、長じて母親が驚くほど想像力に富み、独創的で個性のある優秀な子に育ちました。

日本で教わったことは忘れるのに、なぜアメリカでは忘れないのか？

自分で考える習慣を身につけると、学んだことも簡単には忘れないようになります。先の科学者夫人で、自身も科学者の友人は、日本では常に成績はトップで、京大の大学院を出て渡米しました。今では、アメリカで最も古い医学研究機関の研究者です。

そんな彼女が、「日本で勉強したことは試験や受験のためだったので忘れてしまったことが多いけれど、**アメリカでは日本ほど詰め込みではないせいか、習ったことを実によく覚えている**」と言っています。

よく言われることですが、子どもに考えさせない、暗記一辺倒の「教育」は「本当の教育」ではありません。

やはり優秀な子どもさんを育てた別の友人は、子どもが小さいころから、「地球は宇宙に浮いていて丸い。どんどん歩けば元の位置に戻る」と教えたり、「神様と仏様はどちらが偉い？」と解のない問いかけをよく投げかけたりしたと言います。**子どもをさまざまな面白い質問で不思議がらせて、自分で考える楽しさを教えた**そうです。

親が子にどれだけ考えがいのある質問を投げかけられるかが、子どもの考える習慣に大きな影響を与えるのだと考えさせられます。

Ⅱ 「勉強への動機づけ」をする

4 ▼ 勉強の「メリット」を教える

——子どもは社会に出た後の「勉強のありがたさ」を知らない

アンケート結果

学歴についての「現実」を教える

勉強を強要しても反発されるだけなので、「なぜ勉強して大学へ行ったほうがいいのか」を教えてあげることが重要だと思います。結局自分で必要性を感じなければ、長期的な受験勉強の困難は耐えられないのではないでしょうか。どんなに管理しても、親の目を盗んでサボることはいくらでもできます。**社会の厳しい現実を話してもいいでしょうし、逆に高学歴のメリットを強調してもいいかもしれません。**

（慶應義塾大学経済学部Nさん）

勉強がどう人生に影響するかを教えてくれた

幼少期より母から、勉強がいかに私の将来の給与を決定するか、**勉強で一番になることがいかに面白いことで、自分の人生を充実させることになるかを教えてもらった。**そして、いい人生を送るには勉強が必要不可欠だと感じるようになった。

（東京大学大学院学際情報学府Mさん）

子どもに意思がないのに親が騒いでもしょうがない

子どもに意思がないのに、親が騒ぎ立てても何も生まれません。私の親は私が勉強したくなるように、**勉強をするといろいろな職業に就けるという話をしてくれる**と同時に、勉強のための環境を整えるなど、モチベーションをコントロールしてくれました。

（東京大学教養学部Ｉさん）

親の後悔、失敗を繰り返したくないという思いが勉強の励みに

私が親に感謝していることは、正直に自分たちの失敗や、もっとこうしておけばよかった、ということを日常会話で話してくれたことです。

かっこつけようと自分たちの成功話をひたすら話し、失敗談を控える親も世間にはたくさんいると思います。しかし私の親の場合は、高校生のときにもっと勉強して英語が話せるようになっていたら今より楽しかっただろう、旅行に行ったときにも楽しさが倍増しただろう、などと後悔していることを話してくれます。

実際に私はこれらの話から英語を話せるようになりたい、社会の仕組みをよく知りたい、と思うようになりました。

私は親と同じ後悔をしたくない、私がそれを乗り越えて親にその姿を見せてあげたい！という思いを持って今勉強しています。

私にとってこのような普段の家族とのコミュニケーションが、学びのモチベーション

を上げてくれています。

そして今、大人になった自分をイメージしながら、**理想の自分になるために学びを重ねるのが楽しいと感じることができています。**

（番外編：某高校1年Iさん）

勉強する納得感を高めよ
――「勉強の意義」を知らなければ頑張れない

無理やり勉強を押しつけても子どもは反発するだけですが、勉強する意義を教えるのも骨が折れるものです。それでも**勉強をする必要性とメリットを幼な心に自分で見出させることが、その後の自発的学習を大いに助けます。**

子どもが自主的に「勉強の意義」に気づくことは難しいでしょう。わが家でも、勉強の結果はいつも自分に返ってくると、口をすっぱくして教えていましたが、それでも放っておいたら子どもたちはどんなときでも遊ぶほうを選択していました。

なぜ勉強しなくてはいけないのか、自主的に勉強するようになるまで説明していたら、それだけで受験期間が終わってしまっていただろうと思います。

この件に関しては、私には笑うに笑えない失敗談があります。

長男が小学生のころ、「勉強しなさい！」「嫌だ、したくない！」というやりとりは、毎日の恒例行事でした。

真面目にコツコツと勉強するタイプでない息子にとって、ますます面白い遊びがたくさん増える**中学生以降に本人が勉強に目覚めるとは考えがたく、私には中学受験が、彼の一生を決定づける分かれ目**に思えてなりませんでした。

いくら能力があっても学歴が劣るために辛酸をなめている人を、大人ならごまんと見ています。

うかつにも私は、この辺の事情を、息子も当然理解しているものと思い込んでいました。思えば息子は当時、やっと小学5年生です。学歴社会の不条理など、親が説明してやらないとわかるわけがないのに、私は当たり前のこととして説明すらしてやりませんでした。

長男が中学生になったある日、自分でも苦笑しながら「ボク、小学生のころはほんまに、勉強はお母さんのためにやらされていると、ずっと思っていたわ。お母さんが、近所の人や親戚に自慢したいからボクに勉強させていると思っていた」と言うのです。

大人にとっては当たり前でも、子どもには伝えないとわからないことがあるものですが、この告白には反省させられました。こんなに重要なことを説明せず、子どもにあの退屈な受験勉強をさせていたのです。本当にかわいそうなことをしました。

学生さんたちのアンケートでは、**親が学歴社会の実情を子どもに話して聞かせ、それがモチベーションになった**という回答が結構ありました。学歴で割を食っている親の姿を見て子どもが発奮したというケースもありました。建築にたとえるなら、全体のデザインを見せて基礎工事にかからせる、実に大切な工程だと、反省を込めて思った次第です。

子どもが将来やりたいことが出てきて、それが一見、学問とは無関係に思える分野でも、学歴が劣るために道を阻まれるケースが多いという現実も教えてあげたいものです。**いつか目標が見つかったときに、選択肢を狭めないためにも勉強が大切なのだと**。

そして、学問や教養は、たとえ家が泥棒に入られても、火事で全焼したとしても、何があっても誰にも持っていかれることはなく、生涯自分自身の力になり、ときには励まし癒(いや)してくれるものです。そんなことを言ったところで子どもは理解できないと思うかもしれません。しかしそういったことは、今わからなくとも、案外いつか思い出して力を発揮したりするものです。

私のように、「子どもだって勉強の意義くらい理解している」と思い込んではいないでしょうか。「学歴がすべて」ということは絶対にありませんが、**学歴社会の現実については、受験勉強に入る前にぜひ教えてあげたいものです。**「なぜ勉強したほうがいいのか」を自分で納得できれば、勉強への身の入り方も違ってきます。

5 ▼ 教育環境で子どもは決まる
――朱にまじわれば、赤くなる

アンケート結果

東大、京大に行くのが当たり前の環境だった

人間は環境に影響されやすい。したがって、幼少期から教育費をかけ、**中高一貫の進学校に私を入れてくれたのは影響が大きかった**と思う。

うちの高校では、東大、京大に行くのが当たり前のような雰囲気だった。そのような環境にいなければ、東大、京大を受けようなどとは思わなかっただろう。

（京都大学大学院Tさん）

まわりの友人に追いつくために頑張った

「成長する環境は整えるが、努力を強制はしない」という教育方針が、現在の私をつくりあげたと考えます。**周囲が優秀で努力を怠らない者ばかりならば、息子も感化されて努力するだろうと両親は考えていた**ようです。

両親は私を中高一貫の進学校に通わせましたが、私の成績が悪くても「もっと勉強をしろ」などと言うことはありませんでした。しかし友人たちが優秀であるのに自分は違うと実感した私は、彼らに追いつきたいと自発的に努力するようになりました。

（東京大学大学院新領域創成科学研究科Iさん）

優れた環境のために尽力してくれた

子どもによい環境を提供するためには投資を惜しまない両親でした。その背景にあったのは、**優れた環境で得られる人間との出会いや誇り、濃密な時間というものは金銭で**

買えるものではないという信念と、両親自らが優れた環境から得たものに対して自信を持っているということでした。

（京都大学経済学部Kさん）

まわりから「いい影響」を受けられる環境をつくる

――中学以降は誰よりも友だちの影響を受ける

朱にまじわれば赤くなり、類は友を呼びます。自主放任をうたう多くの家庭で、その前提条件として、優れた環境に子どもを置いたうえで、自由を与えていることがアンケートからも見て取れます。

私は、子どもが中学生になってからは「環境は整えても、強制はしない」ようにしようと考えていました。そもそも**勉強しない中学生を勉強に向かわせるのは難しい**ですし、中学生にもなった子に「勉強しなさい」としつこく言うのも情けないものです。

だからこそ、**中学は学校のシステムや先生、クラスメートに引っ張られて嫌でも勉強する意欲が持てる環境に「放り込みたい」と考えました**。私の周囲でも、このように考えていた親は多かったです。

「鶏口となるも牛後となるなかれ」（大きな集団の下につくより、小さな集団のトップになれ）ということわざがありますが、中学、高校はその逆でもいいので、わが子より優秀な学生の多い環境に入れたいと考えました。

大きな進学校で後ろからついていくことになろうとも、小さなお山の大将でいるより学ぶことは多いと判断したのです。もちろん、子どもが自信を喪失してしまうほどの厳しい環境は論外です。しかし子どもが努力を怠ってしまうような環境は、子どもの自主性の発達を阻害してしまいます。

結果としてわが家の子どもたちは中学から、高い目的意識を持って努力するクラスメートに囲まれて勉強できる環境を得られましたが、この効果は大きかったです。この時期は、**親や先生の言うことよりも、友人の影響のほうが大きい**からです。この多感な時期にそうした学校で学べたことが、以降の彼らなりの飛躍につながったことは間違いありません。

放任は放任でも、「健康でさえあればよい」と勉学をするように仕向けなかったり、言葉だけで勉強するよう急かせて、環境を整えない親御さんもたくさんいらっしゃいます。

しかし**子どもが成長できる、周囲からよい刺激を受けられる環境を整えたうえでの〝自主**

放任"が大切なのだと確信しています。

中・高時代に怠けるに怠けられない環境に置かれたために、勉強が嫌いでも勉強をせざるを得なかった人たちは、中学受験に向けてともに苦労した親たちの功績を忘れないでほしいものです。

6 ▼ 勉強での「競争意識」を育む
——子どもの「勝ちたい」気持ちを引き出す

アンケート結果

負けたくない気持ちで頑張れた

私が志望校に進学することができたのは、**競争意識を持つよう教育してくれた**両親のおかげだと考えています。テストなどで点数や順位が出る以上は誰かに負けたくないと考えていたため、自主的に勉強を頑張れました。（慶應義塾大学大学院理工学研究科Kさん）

仲間に負けたくなくて自然と頑張った

私はとくに勉強が好きだったわけではありませんが、子どものころから仲のよかったサッカー部の**友人が勉強に打ち込みだしてから、自分も負けじと勉強を頑張るようになりました**。この競争意識が私の勉強の原動力だったと思います。（東京大学経済学部Aさん）

競争社会に入る前に、競争に慣れさせよう
——白雪姫は舞台に6人もいらない

ある時期、一部の小学校では、運動会で「順位をつけないようにする」という配慮がなされていました。学芸会の劇で、できるだけ多くの子が主役を張れるよう配慮がなされている例は今もあるようです。聞くところによると、白雪姫が舞台上に6人もいたとか！

これらはみな、「いかに保護者から文句をつけられないか」に腐心するあまりの現象です。ですが私は、**子どもが将来、厳しい競争社会に送り出される前に競争の仕方について教えてあげることも、親の大切な仕事**だと思います。

わが家の場合、子どもだけでなく親も「競争意識」を燃やしたことが効果的だったよう

に思います。娘と同じような「自主放任」方式で伸びるタイプではないと判断した長男を、小学4年生のときに入れた塾で、キャリアの長い先生にこんなことを言われました。

「小学生の能力なんてどんぐりの背比べですから、**中学入試ははっきりいって、親の闘いです。それも母親が頑張るのは当たり前。父親がいかに協力するかにかかっています**」

私が頑張るのは「当たり前」なのかと、競争心に火がついた瞬間でした。

私は長男に、塾で一度でもトップになれる成績を取らせようと思いました。私は40歳になっていましたが、**息子が学校に行っているあいだに4教科(国語、算数、理科、社会)の試験範囲を勉強し、息子に噛んで含めるように教えました**。息子は遊び盛りで、勉強に費やす時間が絶対的に不足していたので、時間当たりの勉強の効率性を高めることに腐心したのです。

たとえば算数で試験範囲の練習問題が40問あったとしたら、仕事と病弱な姑の世話や親戚づきあいで忙しい合間に、私はそれを全部解き、最も質の高い20問を選び出して、後から一緒に解いていくといったやり方です。息子は20問解くことで、40問を解いたのに近い理解度に到達するわけです。

一度に40人ほどを見ている塾の先生よりも**親のほうが、何が苦手で何を理解していないかいち早く把握できて、二人三脚はとても有効でした**。

まさかこの歳で重箱の隅をつつくような問題に取り組むことになろうとは考えもしていませんでしたが、この努力は報われました。

間もなく息子はトップの成績を取りました。その後は本人も面白くなり、プライドも芽生えてきて、脱落しないために頑張るようになりました。**小さな成功体験から、「自信」と「勝つことへの執着心」が芽生えた**例と言えるかと思います。

振り返ってみれば、塾が子どもたちに競争を促すように取り入れていた方法も効果がありました。私はいくつもの塾を比較して、トップ校に生徒を何人送り込むかが塾にとって死活問題であるような小さな塾を選びました。塾の先生の競争意識も旺盛で、私はその先生の競争意識の強さに賭けたのでした。

その塾では、成績順でクラスを分けるのみならず、座席の順番も成績順という徹底ぶりでした。今の時代では親から苦情が来そうな方式ですが、息子は**最前列の一番右にある「1位」の席に座り続けるため必死に頑張った**と言います。

結果的に、当時の京都の最難関校に入ることができましたが、それはこのときの親子の二人三脚の影響が大きかったと、息子は素直に認めています。

子どもが競争意識を持たないときは、親自身が競争意識を持ち、子どもに競争の仕方を教え、競争に勝てるという自信を与えることが大切です。一生、競争せずにすむ人生があるのなら、話は別なのですが。

7 ▼ 「報酬」を与えて勉強させてもいい？

――目先のメリットにしか反応しない子どももいる

アンケート結果

金銭的インセンティブがモチベーションになった

小学生のころはテストで満点を取ると、お小遣いをもらえるシステムだったので、勉強を頑張るのは当たり前だった。おカネではなくとも、勉強をすると何かを得られるという考え方はあってもいいと思う。勉強が好きで、自主的にするのが当たり前というのが理想ではあるが。

（慶應義塾大学環境情報学部Kさん）

好きなものを買ってもらえるので頑張った

中学までは、私が勉強である一定の成果を出すと母からほめてもらえ、さまざまなものを買い与えられた。**私は母にほめてもらえること、好きなものを買ってもらえることが嬉しくて頑張った。**

（東京大学大学院学際情報学府Mさん）

どうしてもやる気が起きない子にはニンジンを

——意外と多い、「報奨制度」で育てた家庭

わが家では夫がよく、「勉強する意義」を子どもに話して聞かせていましたが、**子どもたちは遠い将来の話として、他人ごとのように聞き流していました。**

このように、いくら理屈を説いても響かず、どうしても「今、勉強すること」と結びつけて考えられない子どもを勉強するよう仕向けるには、一体どうすればよいのでしょうか。

あまりほめられた話ではありませんが、わが家で次善の策として採ったのが、「ニンジンをちらつかせる」方策です。わが家の「報酬制度」については、すでに本章の冒頭で息

子がバラしてしまったので白状しますが、わが家では海老（えび）で鯛（たい）を釣る作戦が成功しました。
私は見栄っ張りで、このような邪道な方法で子どもを勉強させたことを恥じ、誰にも秘密にしていました。ところが4人の子どもたちが通う**それぞれの進学校で、この作戦で子どもさんを勉強させたという親御さんが何人もおられた**のには驚き、苦笑したものです。

そしてアンケートを見ても、成績がいいとご褒美がもらえ、それが目的になって頑張る気になったという学生さんたちが数多くおられました。放っておいても自主的に勉強する子どもの親御さんから見れば、いささかレベルの低い教育法かもしれませんが、恰好（かっこう）などかまっていられません。

よい教育を受けるための列車（進学校）に乗せるのに、なかなか自分で乗ろうとしないなら、あらゆる手を使ってでも乗せてやりたいのが親心です。いったんその列車に乗ると、同じ目的地に向かって進む仲間がたくさんいて、運転手さんたち（先生方）がぐいぐい引っ張っていってくれるのですから。

中学受験のとき、長男は高価な熱帯魚（アジアアロワナ）と、それが自由に泳げる大きな水槽が欲しくて堪（たま）らなかった状況でした。それで父親が、その息子の足元を見て、報奨金制度の密約を結んだのです。それも試験で1位になるごとの報奨金が1万円だというので、私は驚きました。前述しました**母子の二人三脚に加え、その父子密約のおかげで息子の目の色は変わり、必死に頑張った**ものです。

海老と鯛作戦がいつも功を奏するとは限りませんし、結果に報酬を与えるのか、プロセスに報酬を与えるのかという議論もあることでしょう。ただ、当時のわが家ではうまくいきました。

ほめられた手段ではありませんが、**将来のことを話してやるだけではどうにも動かない子もいる**ものです。何もせずに手をこまねいているよりはよかったと思っています。

やる気が起こらない子には、子どもの性格に合った方法を探してあげることも大切です。それは小学生という早い時期ほどやりやすく、そのときの成功体験は、子どもにとって大変大きな自信になるのです。

8 ▼ 結果重視VSプロセス重視

——結果もプロセスも大切に

アンケート結果

結果に応じた「信賞必罰」教育

学歴重視主義かつ、実績主義であった。成績については、**いい成績を出しているうちは完全に放任主義で、家で何をしていようが黙認された**。そのかわり成績が振るわなければ、部屋に閉じ込めるようにして勉強をさせられた。学歴の高いところに行くこと自体はいいことだと思うが、子どもの進路を狭く考えていたのは改善してほしかった。

（東京大学法学部Wさん）

結果よりもプロセスを大切にする親でした

私の両親は、結果よりもプロセスを大切にする人だと思います。**私が目標を持って勉強しているときは、誰よりも支援して、応援してくれました。**高校のときに模試で学年最下位になったときも、両親から「勉強しなさい」と言われたことは一度もありませんでした。

（京都大学大学院経営管理教育部Iさん）

「楽しむ」ことも教えてほしかった

父親は経営者だったので、私が幼少のころから、**何をしようにも具体的な結果を出すことが求められた。**少年野球チームに入ろうとすると、4年以内にキャプテンにならなければやめさせると言い、テニスをしたいと言えば、都大会に出場できなければやめさせると言った。こういった教育が、私の「結果主義」につながったのだと思う。

だが、結果を出すのが一番いいことだと勘違いをするようになり、高校生のときには自分とそれ以外の部員で対立をしてしまった。私は、勝負に自分ほどこだわりを持たない部員の気持ちを考えることができなかった。両親には、**物事の「結果を求める」必要性と同時に、「楽しむ」必要性も教えてほしかった。**

（一橋大学Uさん）

結果を見つつも、努力を評価してあげる
——世の中は、結果がすべてで動いているわけではない

プロセスを大事にするか、結果を大事にするかは、いろんな場面で問題になりますが、**最悪なのはプロセスも結果も悪いケース**です。

次女が中学校で入部したある体育会系クラブでは、早朝練習から放課後の練習まで、とてもハードでした。帰宅すると、玄関で倒れるように寝込んだり、シャワー中に寝てしまったりするほどです。私もそうでしたが、他のクラブのメンバーの保護者もみな、学業に影響し、家庭生活もないに等しいその指導法に、強い不満を持っていました。

それで、強豪校として結果を出しているかといえば、そうでもありません。私たち保護者は意を決し、コーチの先生に、「このまま弱いチームのままでいいから、もう少し練習時間を減らしてほしい」と直接お願いに行きました。

そのときコーチは、「結果が出る出ないにかかわらず、毎日ハードな練習を継続するプロセスに、スポーツの意義がある」とおっしゃり、こちらは言葉を返せませんでした。

世の中にはプロセスも結果も優れた教育法があることを考えると、両方がまずいという

のはいまだに納得がいきません。

これが学業だとどうでしょう。結果を気にせず、プロセスだけを大事にする教育なんてあり得るでしょうか。目標のない勉強などありません。よい師に巡り合い、学ぶ喜びに開眼し、学びを通して自分自身を成長させていくためにも、**節目節目でそれ相応の結果が出ているか、確認しながら学習を進めていく**ものです。

他方で、アンケートで「結果だけでなくプロセスも重視すべき」「プロセスを楽しむことも教えてほしかった」という指摘が見られましたが、これもすごくよく理解できます。

私も一時期、ゲームでも遊びでも学校行事の競争でも一番にならないと気がすまず、一生懸命やらない人の気持ちがわからずに人間関係がうまくいかなかったことがありました。**いくら結果だけ出ても、心の狭い人間になり、周りとうまくやっていけなければ幸せとは言えません**。世の中は、結果がすべてで動いているわけではないことを子どもたちには伝えてあげたいと思います。

私は、プロセスがよければやがては結果もついてくる、と考えています。テスト直前に集中的に勉強をしてよい点を取る人より、そのときどきのテストの点数は劣っていても、**普段から努力を継続してコツコツ勉強をしている人のほうが、最後にはいい結果を残せる**ものです。

結果を無視せよとは言いませんが、プロセスを改善する努力そのものをほめてあげることのほうがもっと大切なのだと思います。

9 ▼ とりあえず大学には進学させるべきか？
——進学すべき人と、そうでない人の違い

アンケート結果

一流大学に行くことが無意味な進路もある

世間的には、**一流大学に行くことが一番だとされているが、必ずしもそれが子どものやりたいことと一致するわけではない**。そういう状況のとき、子どもとよく話し合い、彼らの意見を尊重したほうが、興味を持つ分野で能力を伸ばせるだろうし、将来につながると思う。

（東京大学大学院経済学研究科Hさん）

進学だけが幸福への道ではない

親戚の進学状況を見たり、母を通じて他の母親の体験談や苦労話などを聞いたりする限り、**性格的に「大学に行けない」子どもは一定数いる**ように思います。たとえば勉強が大嫌いで、親の反対を押し切って大学に進学せずにメンテナンス会社に就職した親戚がいます。機械いじりが大好きな彼は仕事に非常にやりがいを感じていますし、また数年間かけて貯めたお金で趣味のスポーツカーを購入するなど人生を楽しんでいます。

人生を成功させる方法は人の数だけあり、進学だけがその答えではないということだと思います。最初から「大学に入れる」という前提で子どもを育てるのはどうかと思います。

（東京大学大学院Kさん）

凡人は大学に行ったほうがいい？

——天職が見つかる前は、選択肢を広げることが大切

万人にとって、大学は行くほうがいいとは限りませんが、私としては、**天職や目的が見つかっていない段階では、大学に行って選択肢を広げることは重要**だと思います。もちろん大学のすべてがよいわけではなく、自らの視野を広げ、刺激を与えてくれる学びの環境

の有無が本質的に重要なのは言うまでもありません。

2006年夏の甲子園を沸かせた〝マー君〟こと田中将大選手と〝ハンカチ王子〟こと斎藤佑樹選手の高校卒業後の進路は、マー君はプロ野球の世界へ、ハンカチ王子は大学へと対照的でした。

もしあのときマー君も、何がなんでも大学へと進学していたならば、「マー君、神の子、不思議な子」と野村監督に言わしめた活躍とその後の快進撃を、私たちは見ることができなかったかもしれません。**早くから目標を定めて一心に努力したことが功を奏した**形です。

一方、大学野球でも活躍した斎藤選手は、プロの世界ではマー君とは大きな差がつきました。しかし人生の決着がこれでついたわけではありません。

斎藤選手が大学で学んだことや経験は、マー君は経験できませんでしたが、マー君が社会に出てプロの世界に入ってから経験したことについては、これから斎藤選手が学べることも少なくないはずです。

若い斎藤選手が今後の人生で、大学での経験を、野球を超えてどのように活かしていくか、その可能性ははかりしれず（もちろんマー君の可能性も同様です）、現時点の数字だけで、彼が高校卒業後に直接プロに進まなかったのは失敗だったと論ずるのは早計です。長い人生を考えると、一部の天才を除けば、**若いころに選択肢を広げることが、将来への大きな投資になる**ものです。

すでに天職の方向性が見えていて、まっすぐ社会に出たほうがその道を究めるには有利だというのであれば別ですが、自分の強みや将来の目標がそこまでは定まっていない大半の子どもさんは、ぜひ大学へ行ったほうがよいと思います。

大学で学ぶことで、初めて知的好奇心を充足させる喜びを得る人はたくさんいますし、長い人生におけるさまざまな選択肢と視野が広がります。

そして何よりも**この多感な青春期に、多くの同世代の人と交流を持ち、影響し合うことの意味は絶大**です。加えて、学歴が有利に働く業界もまだまだ多いです。

近年では少子化や価値観の多様化、グローバル化に応えるため、各大学も工夫し、さまざまな専門学部が新設されています。これからの学生にはそんな選択肢も増えています。**いろんな世界を見ることで人脈を広げ、やりたいことを見つけるきっかけにもなります。**

世の中には、大学に付き合う時間がもったいなくて中退したビル・ゲイツやスティーブ・ジョブズのような特別な天才もいないわけではないですが、凡人の私としては、とくに目標の定まっていない子どもに大学に行かないハンディを背負わせるのは、相当リスクの高いことだと感じます。

10 ▼ 勉強至上主義で育てない

——勉強ができても偉くはない

アンケート結果

勉強ができるくらいでは偉くない

私の両親は勉強については一切口を出さず、人間性や教養の教育を重視していました。そのせいか、私は「勉強ができることは偉い」という感覚はあまりありません。実際、勉強をして得をするのは他ならぬ自分だし、勉強するだけでアウトプットがなければ、他人に何か大きく貢献しているわけではないと今でも考えています。

私は、子どもに「勉強ができることは偉い」「素晴らしい」と言うのは不適切だと思います。子どもが、**勉強ができる自分は偉いと勘違いしかねない**からです。勉強して得た知識や立場を自分の欲望のために使うのは個人の自由であり責められることではありませんが、ほめられることでもありません。

（東京大学大学院情報理工学系研究科Tさん）

勉強は「しなければならないもの」ではなく「できたらいいもの」

私は高校卒業まで両親から勉強に関し、干渉されたことがない。また、成績がよかったときはほめてくれたが、成績が悪くても特に怒られることはなかった。したがって勉強を両親のためにしているように思ったことはなく、すべて自分のためだと納得して取り組むことができた。そして、**勉強は「しなければならないもの」ではなく「できたらいいもの」と教えてくれた両親に大変感謝している。**

（京都大学経済学部Fさん）

ちょっとした物言いが、子どもの価値観に影響する
――学力をほめすぎると勘違いした大人になる

親の偏狭な発言は、それが家庭内の内輪の話としてなされたものでも、子どもはそのまま外でしゃべりますし、価値観にも影響を与えるものです。そしてこの影響は「子どもの

勉強観」にもそのまま当てはまります。

私が親しくさせていただいているある小学校の校長先生が、「子どもの道徳教育は、親と一緒にしないとどうにもならない」とよく仰っておられました。**小学生の子を持つ親が偏差値で人を評価したり成績至上主義者だと、たいがい子どももそう**だというのです。

そういえば、私が4人の子どもを通わせた塾では、どの年も、成績がよいことで天下を取った気分でいるような親子が、必ず数組はいたものです。たかだか中学受験の成績で一生が保証されるわけでもないのに、人を見下げるような言動をし、しかも本人たちは気づきもしません。

世の中には、学歴がなくても社会で役立つ働きをしている立派な人はいっぱいいますし、学歴が高くても社会に貢献らしい貢献をしていない方もたくさんいるものです。

芸術やスポーツで社会に貢献している人たちなども含めれば、単純に塾や学校のテストの成績を人と比べて有頂天になること自体、恥ずかしくてできることではありません。

もし親が良識と柔軟な価値観を持ち、謙虚な人であれば、その子どもが横柄な態度になるはずがないと思うのです。成績はよくても、表情が豊かでなく、社交性に欠け、挨拶もまともにできないお子さんがおられます。そのうち壁にぶつかって、ちょっと成績がいいくらいでは社会で通用しないことに気づけばいいのですが、悲しいことにいつまでも気づかない大人も大勢います。

本当の意味で優秀な人は、人格自体が素晴らしいものです。**なにげない立ち居振る舞いや言動に他者への思いやりがあふれ、謙虚さがにじみ出ています。**

これに対し、中途半端に優秀な人ほど、上から目線だったり威張る傾向があり、専門分野の知識は多くても、人間的には二流だったりするものです。

一流の人は威張る必要がなく、謙虚なのにオーラがあり、周囲から尊敬を集める存在になっていきます。

「実るほど頭(こうべ)を垂れる稲穂かな」(優秀な人ほど謙虚になる)という言葉がありますが、**そんな稲穂のような子どもを育てるには、親が持つ価値観や道徳観が大事です。**

テストの得点を上げることだけが至上命題のような育て方は、出身校の偏差値だけが自尊心の源という小さな人間を育てます。そしてテストや学校の偏差値でしか他人を判断できないという、視野の狭い、つまらない大人を生み出してしまうのです。

第5章のPOINT

最も大切な勉強は、強い知的探究心を子どもに芽生えさせること

本章では、子どもに勉強する習慣をつけさせるにはどうしたらよいのかを一緒に考えてきました。今回のアンケートに限らず、本当に多くの優秀なご子息を育てたご家庭の方が話されるのが、「子どもに勉強を強制しない」ことの大切さです。

しかしながら、その実態をよく見てみると、何もせず、単に放置していたわけでは決してありません。

多くのご家庭では、子どものモチベーションを刺激するよう、さまざまな努力をされていたことがわかります。また、子どもをよい環境に置くことが、自主放任が機能するための前提だと考えておられます。

子どもの勉強へのモチベーションの源泉はさまざまですが、中でも親自身の学習習慣が最も大切なものと思います。子どもは親の言うことは聞かなくても、その行動は真似るからです。

ここでは子どもに勉強をさせるにはどうすればいいのかと議論してきましたが、その先にあるさらに大事な「子どもの本質的な学力を上げる」ということについてもヒントになるかと思います。

ここで言う「学力」とは単にテストでいい点を取れるかどうかといった小さな話ではありません。強い好奇心を持ってスポンジのように新しい知識を吸収していける学習習慣のことです。将来、子どもの武器となっていくそんな学習習慣を育むために、親は何を心がければよいのでしょうか？

本章で議論してきましたことを、以下におさらいしたいと思います。

「習慣づけ」をする

1．勉強を強制しない

子どもに勉強を強要していませんか？　上から勉強を押しつけても、逆効果です。教育で一番大切なのは、学ぶ楽しさを伝えることです。

2．幼少期に「学習習慣」を贈る

学習習慣を身につける手助けをしてあげていますか？　幼少期の勉強で最も大切なのは、学習習慣が身につくかどうかです。大人になってからより子どものころのほうが、学習習慣は格段に身につけやすいものです。

3. **楽しく思考力を伸ばす**

子どもの興味を刺激しながら、思考力を伸ばしてあげているでしょうか？　ゲーム感覚で楽しみながら、本質的な思考力を磨いてあげましょう。

「勉強への動機づけ」をする

4. **勉強の「メリット」を教える**

子どもに勉強の意義は伝えていますか？　子どもが勉強の意義に納得していないと、自発的に机に向かうこともしないものです。

5. **教育環境で子どもは決まる**

子どもをよい学習環境においていますか？　年ごろの子どもは同年代の学友に最も大きな影響を受けます。子どもの成長意欲を最大限伸ばせる学習環境においてあげましょう。

6. **勉強での「競争意識」を育む**

子どもを将来の競争社会に備えさせていますか？　過保護に育てすぎると、現実の社会で競争に勝つことができません。厳しい社会に出る前に、競争意識と競争に勝つ方法を身につけさせてあげましょう。

7. 「報酬」を与えて勉強させてもいい？

子どもが勉強をしない、とあきらめていませんか？　自主放任で自発的に勉強をするのはごく一部の秀才だけです。多くの子どもは、さまざまな方法でモチベーションを高めてあげなければ動かないものです。

「勉強観」を育む

8. 結果重視VSプロセス重視

子どもをテストの成績だけで判断していませんか？　結果もプロセスも両方重視しなければ、子どもの視野が狭まります。そしてプロセスを改善する努力をしなくなり、結果に振り回されるようになってしまいます。

9. とりあえず大学には進学させるべきか？

絶対に子どもは大学に行かなければならないのでしょうか？　将来の目標や適性

に応じて、偏差値の高い大学ばかりではなく、将来のビジョンと整合する選択肢を選ぶ手助けをしてあげたいものです。ただし目標が定まっていないときは、進学で選択肢を増やすことも大切です。

10. 勉強至上主義で育てない

学力だけで子どもを評価していませんか？　勉強ができることよりも、多様な価値観や尺度で育ててあげないと、子どもは学校のテスト勉強以外重視せず、豊かな人間性を育むことができません。

第6章

「勉強以外の勉強」をさせる

テスト勉強より、「しつけ」こそが一生の財産に

本章を読む前に――ムーギー・キム

幼少期のしつけと親の振る舞いが、将来の成功を大きく左右する

先日、ハーバードMBAの卒業生3人と家でバーベキューパーティを開く機会があったのだが、**感心するのが彼ら、彼女たちがそれはそれはよく働くということ**である。

いわゆるエリートの若者が将来、一流になるかどうかは、バーベキューパーティを開けばよくわかると言っても過言ではない。一流のエリートは肉の買い出しは率先してやるし、カルビは自分で焼く。ビールは注ぐし、気を利かせてデザートもたっぷりお土産で持ってくる。席は譲り合うし、泣き叫ぶ子どもはすぐ外に連れ出す。外から家に戻ってきたときは当然、これでもかというくらい靴を整然と揃える。そしてお開きのときもお皿を完璧に洗い、実に礼儀正しく家路につく。

つまるところ**一流のエリートたちは、何かとしつけが行き届いており、自主的に周囲の役に立つことをする**のだ。

そんな彼らとは対照的に、何もせずドカッと真ん中の席に座って一番いいカルビを食べまくっていた私だが、ふと執筆中の本書の内容の妥当性を確認するいい機会だと感じた。そこで「今、パンプキンとともに書いているリーダーシップ育児本があるのだけど、自分が受けた家庭教育を振り返って、何が一番重要で、わが子にも施してあげたいか？」と問うたところ、3人が異口同音に答えたのが、以下の3点である。

「視野を広げて好奇心を刺激するために、いろいろ挑戦させてあげたい」

「勉強をしろ、とは言わない」

「しつけは厳しくする」

この3点は尊敬できる非常に優秀なビジネスリーダーたちに家庭教育方針を聞いたときにも最優先として挙がったポイントであり、すでに最初の2つについては本書で述べてきた。そこで本章では、これまで論じてこなかった、「しつけ」の具体的な中身について議論していく。アンケートの回答は以下の6つに集中した。

自制心・思いやり・教養をしつける

1　自制心と他者への配慮をしつける
2　まっとうな金銭感覚を身につけさせる
3　教養と感受性を身につけさせる

親の振る舞いで導く

4　「役割分担」でしつけをする
5　親の会話が、子どもの人間性をかたちづくる
6　子どもは親の真似をする

単に頭と学歴がいいだけの偏差値エリートと一流のプロフェッショナルを比べたとき、その差の多くがしつけに起因する「自制心」にあることが多い。

そのしつけの内容は、「時間に遅れてはいけない」「無駄遣いをしてはいけない」「メリハリをつける（勉強するときはする、遊ぶときは遊ぶ）」「宿題をさぼってはいけない」など多くが基本的な生活習慣に関するものだが、**これら自分を律する自律心は社会に出た後で**

一流と二流を大きく分ける素養であるのは確かだ。

親からしつけも勉強も何も言われなかった、と語る「一流の人材」は案外多い。私は本書のために、とびきり優秀な友人たちに「いったいどんな家庭教育方針だったのか」としつこく聞きまわってきた。そこでは自主放任だった、何も言われなかった、と言っている人に限って、両親がともに東大と阪大の大学教授だったなど、ご両親が自然と勉強熱心であり、子どもは何も言われなくても親の姿を真似してきたケースが非常に多かったのだ。

思えば、ビジネスで大成功している出世頭は〝両親とも学校の先生だった〟というケースが驚くほど多い。もちろん大学教授や学校の先生であることが重要なのではなく、大切なのは親が自分自身の学習習慣や日ごろの立ち振る舞いで、無言のしつけをできているということであろう。

前章を含め、本書を通じて繰り返し登場するテーマだが、**親の振る舞い方の通りに子どもは育つ**ということを肝に銘じておきたい。

他にも他者への配慮を重視し、誰に対しても敬意をもって丁寧に接するマナーを教えたりと、将来の人間関係を左右するより重要な習慣は、幼少期のしつけで決定づけられるものである。また学歴や金銭など外形的なものだけでなく、人間的な深みと幅の広さを得るための豊かな教養の大切さも、本章では取り扱っている。

それでは以降で、将来リーダーシップや自制心を発揮するために必要な生活習慣を身につける「人間性教育」の大切さに関して、パンプキンとともに考えていこう。

I 自制心・思いやり・教養をしつける

1 ▼ 自制心と他者への配慮をしつける
――他人の子はしつけができていてこそかわいい

アンケート結果

一定の年齢までは厳格にしつけ、以降は自主性に任せよう

私の両親は、**幼少期から小・中学校時代までは、熱心に、かつ厳しく育て、それ以降は自主性を尊重する**という教育方針であった。

（名古屋大学Kさん）

義務教育の期間は人間味を豊かにする教育を

義務教育のあいだは、もっと人間味を豊かにするような教育を受けたかったです。そうした教育の中で、**勉強することの大切さやエリートとして社会を背負うことの意義**を覚え、自発的に東大なり海外有名大学なりを目指すような勉強をしたかったです。

（東京大学法学部Mさん）

人格を重視する教育をしてあげたい

中国でも、勉強に専念しろという家庭教育が多いです。**成績より人格を重要視する教育を受けたかった**です。

（京都大学公共政策大学院Cさん〈中国からの留学生〉）

しつけは厳しく
――他人への接し方、礼儀、自制心が人間性を決める

多くの親は、子どもに勉強はさせようとしますが、道徳的なしつけはおろそかにしがちです。その意味では、成長してから人と最も差がつくのは、「人間性を育む幼少期のしつけ」だと言えるかもしれません。

しつけで重要なのは、**まずは自制心を養うこと**です。「面倒でも身のまわりを整理整頓する」「嫌いでも今、宿題をする」「他にすることがあっても、約束時間は厳守する」など、いろいろと考えられます。

また、他人への接し方や他者への配慮をしつけることの大切さも強調したいです。レストランでの店員さんへの接し方、タクシーでの運転手さんへの接し方、ホテルでの接客係の方への接し方など、**親の「他人への接し方」の丁寧さ（および乱暴さ）は、そのまま子どもに影響します**。幼少期に親を見て学んだことは、大人になっても染みついているものです。

そんな人間性を高める教育の最大の障害が、「親による溺愛（できあい）」です。**幼い子どものかわいさに親の愛が盲目になり、しつけを後回しにしてしまうのです**。小さいころのしつけの悪さはそれほど気にならなくても、中学に行くころには相当目立つようになります。しかしそこから直そうとしても、なかなか直るものではありません。

自分の子どもはしつけがなっていなくてもかわいいものですが、**他人の目から見れば、しつけができていて初めてかわいかったり魅力的に見える**ものだということを忘れてはなりません。

本書の冒頭でもムーギーが書いていますが、同じように頭がよくても、仕事の出来不出来や人脈の広さに大きな差が生まれるのはなぜでしょうか。それは幼少期から育まれた自制心や他人への丁寧な接し方、そして豊かな人間性の有無の差だと感じてなりません。

両親がしつけをしっかりしてくれたことに感謝をしている人は多いものです。

一方で、アンケートでは、「もっと人間性を豊かにするような教育を親から受けたかった」という声も聞かれました。

自制心に欠けていたり、他人への接し方が失礼だったりすれば、社会に出てから苦労するるのは子ども本人です。適切なしつけをしていない親は、子どもがイバラの道を歩む覚悟をしなければなりません。

2 ▼ まっとうな金銭感覚を身につけさせる
――おカネを管理できなければ、いくら稼げても身を滅ぼす

アンケート結果

とくに厳しく言われたのは「お金の大切さ」
とくに厳しく教育されたのはお金の大切さです。私の家庭には父がおらず、母が兄弟4人をひとりで育てました。質素な食事のときや友だちとの経済格差を感じたときなど、貧しさを感じさせられることがあるたびに、**いかにお金があることが大切かを説いてく**

れました。

（東京大学大学院経済学研究科Nさん）

適切な金銭感覚をつけさせてください

親の教育で、もっとしてほしかったことは「お金に対する教育」です。大学に入り、一人暮らしをする友人が多くなりました。**その友人の金銭感覚と自分の金銭感覚を比べた際、大きく違うと感じました。**具体的には、一人暮らしをする友人は生活費やさまざまな費用を自分で把握していますが、自分はまったくわからず、親に聞いても「子どもが知ることではない」の一点張りでした。

（某大学大学院Sさん）

お金を稼ぐことに罪悪感を感じるように

私の家庭ではお小遣いやアルバイトが一切禁止だったので、経済観念が育たず、お金を稼ぐことに対する罪悪感を抱えることになりました。

（早稲田大学Mさん）

金銭感覚で一番大切なのは「計画性」
——「お小遣い1年分」を与えて、予算管理させる人々

子どもが独り立ちして自主的判断で生きていくうえで「正しい金銭感覚」ほど大切なこ

ともそうはありません。

儒教文化の影響からか、おカネの話をするのは「はしたない」という風潮があります。

ですが**親子間では絶対に、この話をタブーにしてはいけません**。

とくに裕福でない家庭に限って、子どもにはおカネの心配をさせたくないと考える親は多いものです。ましてや教育費となると、裕福な家庭の子女と経済的な理由で差がつくのはわが子が不憫（ふびん）と考えるようです。

とはいえ、人はお金について無知なまま一生を過ごすわけにはいきません。収入に合った支出や、余裕があっても使うべきでない用途などを子どもに教えるのは親の責任です。

おカネの話、特に稼ぐ話はともすれば下品だと捉える向きもありますが、それは大きな間違いです。**汗水流したり、自分の専門や特技または資産を提供して、その対価を得る仕組みを教えるのに、上品も下品もない**はずです。

勤勉に誠実に働くことの大切さを説き、楽して稼ごうと横着な仕事をしたりギャンブルに走った人の悲惨な末路を教えることも親の仕事です。

また、どう計画的におカネを使っていくべきかという資金管理の感覚も具体的に身につけさせてあげたいものです。

お金の管理に関して、私の知人で、**子どもに1年分のまとまったお小遣いを与え、そのお小遣い帳をつけさせている**親御さんがおられます。

アンケートで見られたところでは、学校や生活に必要なものを逐一親が買い与えるのではなく、必要資金をまとめて渡してやりくりさせたり、大学生からは自分で生活費や学費を管理させたりといった方策も、お金に対する規律を教えるうえで効果があるようです。

そういえば、自家用機で四国の自宅から東京の家庭教師宅まで通って勉強した、とある製紙会社の御曹司は、長じてギャンブルに使ったおカネが実に105億円。ギャンブル依存症と特別背任罪というおまけまでつきました。

どれほど裕福でも、まともな金銭感覚がなかったために瞬く間に破産する人は少なくありません。富める者も貧しき者も、**金銭感覚はその人の人生を大きく左右する**ということを肝に銘じたいと思います。

3 ▼ 教養と感受性を身につけさせる
――家庭で芸術に触れる機会を増やす

アンケート結果

芸術に多く触れさせてもらった

幼少期から小学校時代までは、**一流の芸術に多く触れる機会を与えてもらい、感受性が刺激されました**。両親ともに音楽関係の仕事だったこともあり、幼いながらによい音楽に囲まれていた実感があります。中学、高校時代には「勉強しろ」と言われたことは一度もありませんでしたが、美術や芸術に親しませてくれたことが、その後の感性を形成したと思います。

（東京大学大学院工学系研究科Wさん）

学校の勉強ができるだけではつまらない

わが家では両親とも教養が深く、観劇やコンサートにもよく出かける環境で育ちました。両親に来客も多く、**文化論や芸術論を楽しげに語っているのをそばで見ていて、学校の勉強ができるだけではつまらないことを覚えました**。私も美術館や音楽会に行くのが自然に好きになりました。

（東京大学Kさん）

学歴が高くても、教養のない人間は浅い

――学歴の有無と教養の有無は無関係

教養や芸術的感性の有無は、単なる学歴エリートや金満家と、尊敬される一流の人物を分ける大切な要素の一つです。ここで教養の大切さを取り上げることにしたのは、政治家をはじめ、教養、感性の欠如で対話能力に乏しいリーダーたちがあまりにも目につくからです。

ほとんどの政治家の学歴は高く、**要職を任された人たちの発言や答弁は、メモを見ている限りはソツがありません**。ところが、想定外の質問に答えるときなど、これまで寄せていた信頼が一瞬にして吹っ飛ぶほどレベルの低いことを言う人がいます。国会で飛ぶヤジのレベルの低さに驚かされることも日常茶飯事です。教養はひけらかすものではなく滲（にじ）み出るものだといいますが、教養のなさも、横柄な態度などで滲み出るものです。

一方、学歴が高い方で、私が幸運にも直接お目にかかれる光栄に浴している世界的な学

者が、何人かおられます。お会いするたびに、一流とはこのような人かと教わることばかりです。**多くの人から尊敬され、信頼される人は、教養や芸術的感性の豊かさが、その短い会話やたたずまい、執筆される文章にあふれている**ことで共通しています。

その腰の低さは、その方たちの偉業や地位の高さから見て、私が戸惑うほどです。その方たちの書き、話す言葉には上から目線が微塵(みじん)もないどころかいつも謙虚で、どんな人に対しても気配りを忘れません。

そんな方たちとお話しするとき、私は決まって御幼少時の環境や受けられた教育に耳を澄ましますが、**ご両親が教養人だったり、教養を深める環境で育たれた場合が多い**です。

教養や豊かな感性は、子どものときから多くの経験をする中で、または読書や、芸術に触れ親しむ中で、育まれます。日本では受験戦争に突入する時期が早く、そしてその期間が長く、子どもが多感な時期に、心の余裕を持つことなく過ごす親子も多いと思われます。それでも親の意識次第では、子どもたちが人生で重要な読書や哲学、美術に触れ、芸術に親しみ、感性を磨く機会はつくることができるはずです。

現在の学校教育システムでは、残念ながら、受験勉強の対策はできても、深い教養を身につけさせるような教育は望めません。だからこそ、**各家庭で、少しでも芸術に触れる機会をつくってあげることが大切**です。

教養は学歴やお金の有無にかかわらず持ちたいものです。学歴や給料は高いけれど教養がなく、品性のなさが滲み出ているような人間にだけは育てたくないものです。

II 親の振る舞いで導く

4 ▼「役割分担」でしつけをする
——子どもが尊敬できる親であるためには？

アンケート結果

父は厳しい存在、母は癒してくれる存在

父親の厳しさと母親からの癒し（いや）のバランスが大切でした。父は「自分は何をすべきか」を常に自分で考えるよう要求する人でした。ある程度成長してからはそれを当然のように思うことができましたが、幼いころの自分にとっては厳しい人でした。

一方、**母親はそういった厳しい面は見せず、つらいときにはやさしく癒してくれる存在でした**。自分は母親のような存在がいたことで、厳しい父の教育方針から完璧に背を背けることなく成長することができ、今では自分で考え、自分の意思をはっきりと持って行動することができるようになったと考えています。

（東京大学大学院工学系研究科Ｆさん）

父母の役割分担が明確だった

「両親の役割分担、位置関係が明確であったこと」が私の家族の特徴です。すなわち、父親は「最終決定を下す厳格さを持つ大黒柱」として、一方で母親は「素直にぶつかり合える存在」として役割分担が明確であり、父親を最上位とする家族関係が成り立っていたということです。

キーパーソンになるのが母親です。常日頃から**母親が父親を低く見るような発言をしていると、いざ反抗期を迎えたときに子どもが父親に従わない**のは目に見えています。

（早稲田大学大学院先進理工学研究科Ｅさん）

厳しさと優しさのバランスが大切
――片方が厳しいときは、もう片方が優しくフォローする

子どもに厳しいだけでは、疎まれているかのように子どもは勘違いし、助言も心に響きません。

わが家では夫が、子どもとよく衝突しました。世の中では〝お友だち親子〟が流行っていましたが、夫にすればそんな関係は絶対に受け入れられるものではありません。子どもに思慮の浅い言動があると、激しい説教がえんえんと続きます。そんなときは適当なところで両者を切り離すことから、私の出番は始まります。

夫には、子どもがどういうつもりだったか弁解を加え、あとでよく言い聞かせることを約束します。そのときに、**叱り方が厳しすぎたり感情的では効果がない**といったことも伝えます。子どもには、父親がなぜ怒っているのか、何にこだわっているのかなどを説明し、以後気をつけるように話して聞かせて、謝罪させます。

両者に、それぞれの言い分をそれぞれが尊重すると言っているという〝建設的なウソ〟をまじえて話したこともありますが、そこまでしてなだめ役に回り続けたことは、無駄ではなかったと思っています。

父親と母親がどう〝役割分担〟をすべきかについては、アンケートで学生さんたちが、的確な指摘をしてくださっています。

夫婦の一方がしつけに厳しければ、もう一方がガス抜きの役目を果たすことが大切です。父親が厳しい家庭では、子どもに父親の思いを伝えるなどして、両者をつなぐ役目を果たすのは母親の重要な仕事です。そのような母親の存在があったからこそ、厳しい父親も受け入れられたという子どもさんは案外多いものです。

両者をつなぐどころか、子どもに、その父親を軽んじるようなことを言うのが口癖になっている母親がよくいます。他方で、妻を召し使いのように扱う夫も少なくありません。

父母の関係がどういうものか、あるいは、親同士が子どもにお互いのことをどう言っているのかは、子どもに大変重要な影響を持ちます。

家庭内のしつけを機能させるためにも、両親のあいだで相互の尊敬がなければなりません。そして、片方の親が厳しすぎたり優しすぎたりするようなときは、もう片方がフォローする役割を引き受けて、子どもがどちらの親も尊敬できるようにしてあげてください。

なおここで述べてきましたことは、シングルマザー、シングルファザーの家庭でも同様に大切です。子どものしつけで本質的に重要なのは、親が厳しさと優しさをバランスよくあわせもち、子どもから尊敬される存在であることなのです。

5 ▼ 親の会話が、子どもの人間性をかたちづくる
――その「一言」が子どもの足を引っ張ることになる

アンケート結果

親の会話の知的レベルが子どもの人間性を決定する

両親ともに知的レベルが高く、家庭での会話の多くが、社会や文化や芸術についてでした。**私の仕事観は親の会話に影響を受けました。**努力はみんなする、才能があってもその中で生き残れるのはほんの一部の人だけだ、ということを父はいつも言っていました。あと、口癖のように言っていたのが、**速くて最高の仕事をしなければプロじゃない**、ということです。勉強に関して何か言われたことはありません。

（東京大学大学院医学系研究科Mさん）

親の偏見は子どもに伝染する

親の〝偏見〟を偏見と捉えられない幼少期に、多くの偏見を吹き込まれました。たとえば、「学校の委員会活動は勉強に支障が出るのでやるべきではない」「私立高校は公立高校に落ちた子が行くところだ」（私の地元は田舎なのでいまだに公立信仰が根強い）などです。**なにげない親の言葉で、子どもの社会へのスタンスが形成されることもあること**を自覚して接してほしいです。

（早稲田大学大学院会計研究科Aさん）

子どもの前では、冗談でも偏見を口にしない
——いい話も悪口も、子どもはそのまま吸収する

子どもの思想や価値観は、よくも悪くも親の言動の影響を受けます。

善悪の基準がまだしっかりしていないころの**親の会話は、子どもには意識への「刷り込み」になる**のです。たとえそれが「小さな道徳違反」でも、子どもの心には深く染み込んでしまいます。

私の長男が小学2年のとき、友だちの家を訪ねた際、その父親から「お前なんか、うち

の子と遊ぶな。帰れ」と言われたということがありました。その父親がどのような理由でそれを言ったのかは不明でしたが、担任の先生の話によりますと、おそらく民族差別だろうということでした。

その時点では子どもたちは無邪気に遊ぶ仲でしたが、**そのうち子どもまで親の差別観や偏見が刷り込まれることが多い**ので、先生もそれが心配だということでした。

小さい子どもには「本音と建て前」のような考え方もありません。親が誇張して言ったような悪口も、そのまま受け取ってしまいます。

長男が幼稚園のころ、先生が保護者たちに「子どもには『ここだけの話』をしないようにしてください。**子どもたちは、『ここだけの話』という言葉まで含めて全部、幼稚園で私に話してくれていますよ**」と注意していたものです。

長男が小学2年のときのその担任の先生によりますと、事情は小学生でもそれほどは変わらないようです。ある小学4年生の子どもの母親が、家で「今の担任にはえこひいきがある」とか「上から目線で気に入らない」など、先生のことを言いたい放題に言っていたらしいのですが、その子はそれを全部そのまま学校で先生に話していたということです。

親にとっては口止めする必要も感じないほど当然の「内輪話」でも、子どもにとっては、普通の世間話と変わらないのです。大人は噂話や陰口を言うのが普通になっているかもしれませんが、**子どもは純粋だということを忘れてはいけません**。そんな時期に、親が偏見を口にしたり、無神経な発言をしていたら、子どもの価値観に大きな影響を与えるのは当然です。

狭い了見や偏見は、小さなコミュニティでしか通用しません。**そうした価値観は、子どもが広い世界へ羽ばたいていくほど足枷になる**ものです。そんなハンディを子どもに負わせるのは、親の願いではないはずです。

アンケートでの学生さんたちの回答を見てもそうですが、子どもにとって一番身近にいる親の会話が知的だと、子どもが受けるよい影響は大きいものです。逆に親の言動が偏見に満ちたものだと、それが偏見だと自分で気づくまでに、途方もなく長い時間がかかってしまうことになります。

6 ▼ 子どもは親の真似をする

——「言っていること」と「やっていること」が一致しているか？

アンケート結果

親の言うことは聞かなくても、行動は真似をする

私の両親はどちらかというと「自由」を重んじるタイプでしたが、今振り返ると、「ダメなことはダメ」としっかり教育された気がします。具体的には、タバコを吸うなとかです。両親はそういったことも、子どもに言う前に自ら実行することで教えてくれました。

子どもは親の言うことは聞きませんが、親のすることは真似します。したがって、**両親が本を読んでいれば、子どももいずれ必ず本を読むようになります**。タバコの例でいうと、両親もまず自分たちがタバコを断つことでその重要性を私に説いてくれました。

（慶應義塾大学総合政策学部Kさん）

両親の姿を見て、勉強の大切さを学んだ

小学校時代は勉強するようにと口うるさかったのですが、中学からはあまり言われなくなりました。しかし**両親自身が勉強家であり、その姿を見て自然と勉強の大切さを学びました**。

将来は子どもの主体性を大切にした子育てをしたいと思います。そして口で言うよりも自分の姿勢で教育できるようにしていきたいです。（東京大学大学院工学系研究科Iさん）

父は行動で見本を示してくれました

父は、私を背中で育ててくれたと思っています。ある日、親父が右足を血だらけにして家に帰ってきました。かなりの重傷でしたが、親父は笑っていました。一人の男として、**つらいときでもつらい顔一つせずに笑っているべきであることを教えられました**。

（早稲田大学政治経済学部Mさん）

親ができない努力を、子どもに要求しても無駄

——努力しない親の子は努力できない

子どもは親の鏡だとよく言われます。純粋無垢で生まれてくるのですから、親のしぐさや立ち居振る舞いを見て成長し、食物や嗜好品（しこうひん）、考え方まで似るのは、自然の成り行きです。

親が努力もせずにお金を出すだけであれば、いくら道具立てが揃っていても子どもも

努力するようにはなりません。

父親が経営者で、子どもには大きな自室も与えて、塾に行かせるなど教育費もふんだんにかけているのに、子どもがどうにも自発的に勉強しないという家がありました。

しかしよくよく話を聞いてみると、親は「勉強しているか」「もっと勉強しなさい」と呪文のように繰り返しているだけで、自分たちはゴルフやカラオケ、その他の社交で外出が多く、在宅時はテレビの画面にかぶりつきでした。そして子どもは入学金さえ積めば入れる大学に入れて大卒の資格さえ持たせれば、あとは家業を継いで安泰だろうというのが本音のようでした。

言っていることと考えていること、やっていることが一致していないわけですから、子どもが言うことを聞いて、「努力しよう」となるはずがありません。

一方、今回のアンケートで見えてきたのは、**親が勉強家で、子どもが読書や勉強をしている親の姿を見て育ち、自分が勉強するのは自然の成り行きだった**という家庭像です。

あるいは、親が勤勉に働く姿を見て育ったとか、商いに苦労する姿を見て、自分も頑張らねばならないと思ったという声もありました。

子どもは親の説教より、いいことも悪いことも、親の生きざまに影響を受けるということは何度か述べてきたことです。

ごく普通の家庭から優秀な子どもさんが育つと、「トンビがタカを産んだ」などと言われますが、これも実は、**その親は周りからはトンビに見えていただけで、本質はタカだったというケースが大半だと私は感じています。**

中には親を反面教師としてまっとうに努力する子どもさんもおられますが、親としてはそれに期待するわけにはいきません。

親ができない努力を子どもに要求しても、子どもには届きません。誠実に生き、努力を惜しまない親の姿を子どもに見せ、言行一致で子どもを教育することは、親となった人の基本と心得るべきです。

第6章のPOINT

テスト勉強より幼少期のしつけが、子どもの一生を左右する

自制心や他人への配慮、教養、金銭感覚、そして正しい生活習慣といった幼少期のしつけは、長い人生を通じて子どもに大きな影響を与えます。

小さなことですが、「他人がいるところで大きな声で話さない」「玄関では靴を揃える」「人に何かしてもらったら丁寧にお礼を言う」「無駄遣いをしない」「約束の時間を守る」といった当然の習慣が身についていない人が意外と多いだけに、当たり前のしつけをしっかりするだけで子どもの将来に大きな差がつくものです。

特に他人への接し方や礼儀作法は決定的な重要性を持ちます。よく交際相手に幻滅した理由として、レストランでのウェイターの方へのぞんざいな態度などを挙げる人が多いものですが、これはタクシーの運転手さんや会社での秘書さん、部下など、自分に何かをしてくれる立場の人への基本的な姿勢として人間関係に極めて広範な影響を及ぼします。

これらの基礎的なマナーや作法は、なにも子どもが神童でなくても、また一流大学に行かなくても身につけられるものですが、長い人生を通じて振り返れば、意外と単なる頭のよさや学歴よりも人生の成否に大きな影響を与えるものです。

本章にも書きましたが、子どもはしつけができていてこそ、他人の大人にもかわいがられるものです。わが子が社会で愛される人格を持てるようになるためにも、勉強以外の礼儀や社会の常識、教養を身につけさせてあげましょう。

子どもに何かを教えるときの基本は他の章と同じです。常日頃の親の言動から、子どもの基礎的人格は大きな影響を受けるのです。

それでは本章でともに学んできたことを、最後におさらいしておきましょう。

自制心・思いやり・教養をしつける

1．自制心と他者への配慮をしつける

偏差値やテストの成績に偏重した教育をしていませんか？　勉強も重要ですが、将来、大きな差を生むのは自制心や他者への配慮を含めた人間性教育です。「整理をする」「浪費をしない」「遅刻をしない」「礼儀を重んじる」「他人に丁寧に接する」といった習慣の有無が、子どもの人生を左右します。しっかりとしつけをしてあげないと、将来、苦労するのは子どもたちです。

2．まっとうな金銭感覚を身につけさせる

まっとうな金銭感覚を身につけさせてあげていますか？　金銭感覚は、自立して生きていくための規律の中でも最も重要な心得の一つです。お金を稼ぐことの大変さ、尊さ、賢くお金を使うことの大切さを幼少期から教えてあげましょう。

3. 教養と感受性を身につけさせる

子どもに教養や芸術感覚を身につけさせていますか？　学歴が高く、キャリアで成功していても、品性と教養がなければ尊敬されません。

親の振る舞いで導く

4.「役割分担」でしつけをする

しつけが厳しすぎて、子どもが窮屈な思いをしていませんか？　しつけの厳しさも、子どもが感じる愛情とのバランスが大切です。しつけが厳しすぎて子どもが親の愛情を疑うようになれば、せっかくの厳しいしつけも本末転倒です。

5. 親の会話が、子どもの人間性をかたちづくる

子どもの前での発言に気を配っておられますか？　親の偏見や見識が、そのまま子どもの人間性をつくります。社会の偏見に惑わされず、その偏見にさらされる人の気持ちと視点を理解できる人であってこそ、その豊かな人間性が尊敬されるものです。

6. 子どもは親の真似をする

背中を見せて、子どもをしつけることができていますか？　子どもは親の行動を真似します。わが身を律せずして子どもをしつけることは不可能です。

第7章

「無償の愛情」を感じさせる

最も大切な親の仕事

本章を読む前に——ムーギー・キム

おおらかに育て、「他人に受け入れられる自信」を育む

我々の〝一流の育て方〟をめぐる旅路もついに最終章に差し掛かっている。最終章で申し上げたいのはただ一つ、**「自分は愛され、信頼され、受け入れられる」という根源的な自信を幼少期から育んであげよう**、ということである。

つい先日、後輩の結婚披露宴に出席したのだが、そのときの話をしたい。彼は某一流グローバル・コンサルティングファームの上海オフィスに勤務しているのだが、その披露宴がそれはそれは愛情にあふれていて感心したのだ。

上司がスピーチで新郎をほめちぎるのは恒例行事だ。そこで初めてどのようにして入社したかわかったのだが、そのいきさつがいかにも彼らしい。彼はその会社の採用シーズンは終わっているのに手紙を送り電話をかけて、とにかく面接を受けさせてくれと猛アプローチしたというのだ。そこで結局、「そんなに入りたいんなら、入ったら?」ということ

になり入社したのだが、これは彼が初めて私を訪ねてきたときを思わせる。

私が香港の自宅でくつろいでいたときに突然、「大学の後輩です。いま香港大学に留学していて、どうしてもお会いしたいんです」と、10も歳の離れた私に突撃してきたのだ。ちなみにその披露宴では、私の同業の知人が臨席していたことにも驚いたのだが、彼女も**「就職活動のときに飛び込みで会いにきて、結局オファーは出せなかったけどその後もずっと関係が続いている」**というから驚きではないか。

これを書いているさなか、私が以前勤めていた会社でインターンをしていたソウル大の大学生が私に連絡してきた。なんでも、私がいる都市を訪問しているので、ぜひ会いたいという。そういえば彼がインターンをしていたときから、**とくに仕事で接点のなかった私にも愛嬌を振りまいていた**ものである。

思い返せば彼のインターン中に何度か、一緒にご飯に行こうと誘われたことを思い出す。普通、自分の上司にあたる人との接点を避けたがる人が大半である中で、これができる人は、当然上からすれば「かわいいやつめ」となってしまう。さらに聞いてみれば、まだ第一志望の会社に入社して半年なのに、すでに自分のネットワークから資金調達と投資に成功し、早くも昇進を受けるというではないか。

どの業界でも若くから出世の早い人の特徴は、頭の良し悪しではない。**早く出世していくのはその業界の重鎮にかわいがられる「おやじ殺し」の皆さんである。**この「おやじ殺し」たちが持ち合わせる「突撃力」は、ひとえに「自分より年上の大人にかわいがられてきた」という原体験に根差していることが多い。

この**「受け入れられる自信」のルーツの一つは、さかのぼれば幼少期から潤沢に受けてきた無償の愛にある**ように思える。自分は突撃していっても「受け入れてもらえる」という絶大な自信が、幼少期からの自分の「基本的人格」というOS（オペレーティングシステム）に深くインストールされているのだ。

前章で議論してきた「しっかりしたしつけ」及び、この「自分は愛され、信頼され、受け入れられる」という感覚を子どものときからどれだけ与えられるかが、子どもの人脈、そして自己実現を助けるうえでの大きな資産となるだろう。

このような「自信」を持つ人々の家庭環境を聞くと、たいてい以下のようなコメントが返ってくる。

おおらかな環境で子どもを伸ばす

1 プラス思考で、明るくおおらかに育てる
2 父母間での「けなし合い」は絶対にダメ
3 他の子どもと比べない
4 「正しいほめ方」で伸ばす

無償の愛情で子どもを守る

5 子どもの非行には執念で向き合う
6 信頼で子どもを包む
7 無償の愛を注ぐ

「自分は愛される」という確信を持っている人々はたいてい、愛情に満ちたおおらかな家庭環境で育ち、両親の仲が睦(むつ)まじい。**幼少期から親の絶大な愛情を疑ったことがなく、ま**

た親から信頼されてきたので、自分も他人を信頼することができる。

また、基本的に周囲に「いい人」ばかりいるので、対人関係が「性善説」に基づいている。そして他人を信頼し、愛し、それが自分に返ってくるという対人関係の好循環サークルに乗っていることが多いのだ。

「一流の育て方」をめぐる本書もいよいよ最終章。子どもが人に愛され、信頼されるという自信を育むための大切な具体論を学ぶ最後の旅に出発しよう。

I おおらかな環境で子どもを伸ばす

1 ▼ プラス思考で、明るくおおらかに育てる
——母親の笑顔は、太陽の輝きに勝る

アンケート結果

小さなことでも幸せを感じられる人間に育てよう

おおらかで小さなことでも幸せを感じられる人間に育つことが子どもにとっては一番幸せだと思うので、自由放任とまでは言いませんが、**窮屈さを感じさせない育て方をするのがベスト**だと思います。

私は両親が明るくお互いに優しかったことが、情操教育上、とてもよかったと思っています。

（京都大学経済学部Sさん）

どんな大変なときも、能天気な雰囲気にあふれていた

どんなに大変なときでも楽しいことをするチャンスは逃さないような能天気な雰囲気が家庭内にあふれていた。成績などに関して、アメとムチを用いたりすることはなく、勉強するのはあくまでも自分の意思としていた。自分の判断で好きなようにさせてくれたが、結果はいつも自分に返ってくると教えられた。それと、常にポジティブなプラス思考の両親でした。

（東京大学法学部Nさん）

「いつも優しく、前向きな人」はどうやって育つのか？

——親がうるさすぎると、明るい子は育たない

明るくおおらかな家庭で愛情を感じて育った子どもは、そうでない子どもたちと比較して、強い自信が備わっている場合が多いものです。そのような**いい環境で育った人たちが持っている自信の強さを、そうでなかった人が獲得するのには何十年もかかる**ということも、珍しくはありません。世の中は実に、不公平にできています。

私の高校時代に、真理ちゃんという人がいました。誰とでも心優しく接し、笑顔がいつも素敵で、よく笑う人でした。絶対に他人の陰口を言わないどころか、皆が陰口を言って

いるときでも、陰口を言われている人の肯定的な点を指摘して、その場にいる人たちを諫(いさ)めます。とびきり優しく、何ごとにもプラス思考の真理ちゃんは、誰からも好かれ信頼されていました。

真理ちゃんのような友だちは、私は初めてでした。どうすれば真理ちゃんのように誰にでも優しく、いつも明るい話題ばかりを提供できるのか、私は不思議でした。

しかし、**初めて彼女の家に招かれたときに、それは彼女の「育ちのよさ」だと瞬時に理解した**のです。

まだ戦後20年も経たず、東京オリンピックも開催されていない時代です。彼女と妹さんは、庭に煉瓦(れんが)で組み立てられたバーベキューコンロでバーベキューをして、私一人をもてなしてくれました。

姉妹手作りのクッキーまで頂きました。歯科医のご両親は診察の合間に挨拶しにきてくださり、私がお礼を言うべき立場なのに、**「娘の一番の親友に会えて嬉しい」**とお礼を言われるのです。この言葉で、真理ちゃんたちがいかに大切にされているかを知りました。

ご夫妻で毎年参加される「パリ‐ダカール・レース」の話も含めて、真理ちゃんの家は、私にとっては小説か映画の中に入り込んだような、夢のような世界でした。大きなお屋敷でのバーベキューや手作りクッキー、ほがらかな両親が医師で毎年パリダカに参戦など、どれをとっても、私が一生をかけて努力しても半分も手にできそうにないものを、真理ちゃんは生まれながらにして持っているように見えました。

真理ちゃんの自信や、嫉妬心とは無縁の**素直さや優しさ、それに強さは、賢くてほがらかなご両親の愛情に包まれた安全基地で育まれたもの**だと、感じずにはおれませんでした。

それで私は、「誰からも好かれる子に育てるには、どうすればいいか」という議論になると、まず真理ちゃんのことを思い出すのです。「人を疑うことを知らない育ちのよさ」という言葉がありますが、おおらかで安心感にあふれた家庭環境が真理ちゃんの明るい性格を育んだことは想像にかたくありません。

「育ちのよさ」とは、単なる経済力の有無を意味しているわけではありません。経済的には豊かでも、親がマイナス思考だったり神経質にいつもガミガミと叱ってばかりいると、子どもは萎縮してしまいます。

子どもをプラス思考で明るい性格に育てたければ、まず親がそうあるべきです。子どもにとって居心地のよい安全基地のような家庭で育つ意味ははかりしれません。〝母親の明るい笑顔は、朝の太陽の輝きに勝る〟という言葉がありますが、本当にその通りなのです。

2▼父母間での「けなし合い」は絶対にダメ
――両親の不仲がトラウマに

アンケート結果

「両親の仲」が私の性格をつくった

現在の私をつくりあげた主な要因の一つには、両親が常に仲がよかったことがあると考えています。このことから、**私はあらゆる種類の人々に、たいして怖気づかずコミュニケーションを取れるようになった**と思います。育児に関して、子どもの前では絶対にケンカをしないことは大事ではないかと考えます。

（東京大学大学院工学系研究科ーさん）

親がケンカをしていると、自分まで不幸に感じる

両親がケンカをしていることですごく悲しかった経験があるので、**絶対に自分の子ど**

もの前ではケンカをしてはいけないと思っています。小さいころは、両親が幸せでない状態にあると、自分まで幸せではないように感じてしまうと思います。

（慶應義塾大学Tさん）

父が母をけなしたのをずっと覚えている

仕事でストレスのたまった父親が、子どもの前で母親を執拗（しつよう）にけなしていた時期がありました。**子どもはこういったネガティブな出来事を非常に長く覚えている**ものなので、その心理的な悪影響は軽視すべきではないと思います。

（東京大学大学院Kさん）

性善説に立ち、人を信頼できる子どもに育てるには？

――親の不仲が人間不信につながる

両親の仲がよく、愛情豊かな環境で育った人は、「基本的に、みないい人だ」という性善説に立つことが多いものです。そして性善説に立つからこそ他人を信じることができ、騙（だま）されても相手を騙さず、**他人を信じるから自分も信じてもらえる、という人間関係の好循環を享受する**のです。

「両親に仲よくあってほしい」という声は、アンケートでも最も頻繁に聞かれた声の一つです。**親が片方の親をおとしめたりするような環境で育てると、子どもに人間不信の種を植えつける**ことになります。

娘夫婦の家族になったわが家の愛犬は、夫婦ゲンカが始まると、バルコニーに逃げて、ケンカが収まるまで、隙間から中を覗きこんで待っていたといいます。犬でさえこうなのですから、人の子の心の痛みは耐えがたいものがあるでしょう。

もちろん、マナーを守って意見の食い違いを建設的に解決するような議論であれば、それは歓迎すべきものでしょう。夫婦のどちらかがいつも我慢して感情を隠しているよりは、自由に意見を言い合える信頼関係をつくるほうが、よほど教育効果は高いと思います。ただ、相互不信からくる単なる罵り合いとなると話は別です。

家庭環境だけが原因ではないと思いますが、どんな人に対しても、心を開くまでに時間がかかる人がいます。一度人間不信になると、他者への警戒心が自分自身をすっぽりと包んでしまうものです。

幼少期の家庭環境が明るくなかった私は、人の顔色をうかがう癖から解放されるまでに、相当な時間がかかりました。仲のいい夫婦や明るい家庭のもとで伸び伸びと育った人の気立てのよさや優しさは、自分にないもので、ずっとうらやましく思っていました。

反対に、その人たちから見れば私の欠点は鼻についたはずで、一時期私はコンプレックスの塊で、どこかへ消え入りたくなるほどでした。

子どもたちにはそのような思いはさせまいと、**家族や親戚間の問題で、子どもたちに見せたくないものには〝フタ〟をすることに、私は随分神経を使いました。**そうは言っても、自然に伸び伸びと育ったお子さん方にはかなわないだろうと、ときどき子どもたちには申し訳なく思うことがあります。

それで私は家の本棚に、当時流行した石原裕次郎夫人が書いた、強い絆で結ばれた夫婦物語の実話本を並べました。せめて本で、世の中にはこんなに仲のいい夫婦もいるということを子どもたちに知らせ、結婚に対して負のイメージを持たないように仕向けたのです。あえて見えるように本棚に置いた私の涙ぐましい努力は、あとで友人たちの大爆笑の種になりました。結局は私を含めて誰も読まずに、その本は行方不明になりましたが。

3 ▼ 他の子どもと比べない
——他人と比較せず、個性に応じて育てる

アンケート結果

他の子どもと比べず、ほめてあげよう

兄が二人いたのですが、**どんなときも比較されて、あまりほめられた覚えがありません。**他の子どもと比べると、人によっては悔しさをバネに奮い立つかもしれませんが、大きく傷つき自暴自棄になって自信を失う人もいます。私は後者だったので嫌な経験をしました。

（東京大学大学院新領域創成科学研究科Kさん）

比較してほめられたが不安だった

私の家庭では、勉強のできない姉に対し、母がめんどくさそうに接していた。私に対し、「あんたは何でも一回で理解できてえらい。お姉ちゃんはものわかりが悪くてめんどくさい」というようなことを語ったこともあった。この経験から、幼少期の自分の中で**「勉強ができない＝母から愛されない」という図式ができあがった。**そのため、私は劣等生

になるのを恐れて必死に勉強した。

（京都大学大学院Hさん）

子どもを比較するのは御法度
――他人と比較されると、深いトラウマに

兄弟や友だちと比較して親からけなされたような幼児体験は、大人になってもずっと心に残ることが少なくありません。

特に男性に多いのですが、私は40代や50代の人で、他の兄弟と比較してバカ扱いして育てられたと、数十年間親を恨んだり根に持っている人を何人も知っています。

子どもは他人と比較されるだけで、親から愛されていないように感じ、傷つくものです。タイプによっては発奮する子もいるかもしれませんが、それでも、親からの愛情に疑問を感じさせてしまうような言い方になっていないか気をつけるべきです。

わが家では、夫の末っ子に対するかわいがり方が強く、他の兄弟と扱いが違っていました。兄弟ゲンカが始まると無条件に父親は、「お兄ちゃんなのだから、弟にゆずりなさい」「お兄ちゃんなのだから、がまんしなさい」と兄のほうを叱ります（もっとも、仕掛けるのはいつも兄のほうだったのですが）。

知恵がついた弟は、ケンカになるとまず、父親に聞こえるように泣くことを覚えました。すると父親は理由を聞かず、決まってお兄ちゃんのほうを叱って決着するのでした。素直な子に育てるという意味では夫は、**兄にも弟にもよくない育て方をしたことになります。**
兄は幼いながら、一時父親に対する思いが屈折し、父親不在のときに、弟に倍返しのケンカを売っていました。

反抗期の激しい子とそうでない子、しゃべりすぎる子とおとなしい子、落ち着いた子と感情の起伏が激しい子など、兄弟でも個性はそれぞれ違います。叱る回数やその強弱を公平にすることはできません。

しかし、大切な存在であることにかけては兄弟に差はないことを、どの子どもにもわからせておくことが重要です。自分の5本の指のどれを噛んでも痛いように、子どものかわいさや大切さに差はないものです。しかしそれは、**親が思っているだけでは、子どもに伝わりません。**

すべての子どもたちと平等に関わり、平等に叱るということは不可能ですが、親にとっては平等に大切な存在だというメッセージが、言葉のうえでも態度のうえでも、子どもたちに伝わっていなければなりません。他の兄弟や友だちと比較して本人に自信を失わせたり、親に不信感をもたせるような叱り方は完全に親失格です。

「親から差別を受けた」という不平や劣等感は、他者への不信や警戒心につながり、これから成長していろいろな人と良好な人間関係を築いていくうえで妨げになってしまうのです。

4 ▼ 「正しいほめ方」で伸ばす
——子どもの努力を促すほめ方が大切

アンケート結果

ほめられて育ったが、努力を軽視するようになった

私はいつも、父に「お前は頭がいい、天才だ、勉強を少しすればすぐ一番になれる」と言われ続けました。それで自分は特別だと思い自信がついたのはいいのですが、その真偽は別として、**もともと頭がいいのだとほめられたので、努力を軽視するようになっ**

てしまいました。ほめて育てることが大切だといいますが、ほめるポイントを間違えば副作用が大きいと思います。

（慶應義塾大学総合政策学部Kさん）

親にほめられたことがなく自信がない

私の親は物静かで、謙虚な人でした。そのせいか子どものころからほめられたことがなく、**他人に迷惑をかけずに控えめにするようにいつも言われ続けてきました。**そのせいか、何をするにもコンプレックスが強く、チャレンジ精神に欠けているように思います。

（立命館大学法学部Cさん）

子どもは、ほめて育てれば伸びる？
——何でもほめるのは、手抜き育児

子どもが持つ、親に対する承認欲求は強烈で、ほめて満たしてあげることは根源的な安心感や自信、積極性を育む必要条件とも言えます。ここで肝心なのは、やみくもにほめるのではなく、効果的にほめることです。

「子どもはほめて育てるほうが伸びる」と、昔から言われてきました。今回のアンケート

でも、いくら頑張っていい成績を取ってもほめてくれなかった親に不満を持っているという学生さんがおられました。**優秀な大学生でさえ、親が的確にほめてくれればもっとモチベーションが上がり、楽しく勉強に励めたと言っているのです。**

そんな中、**「子どもをほめるときは、何をほめるかが大事」**だという興味深い研究結果が紹介されていました（中室牧子『「学力」の経済学』ディスカヴァー・トゥエンティワン）。

多くのデータから引き出されたその研究によりますと、「頭がいいのね」と、もともとの能力をほめられて育った子は、「何かを学ぶこと」より「いい成績を得ること」に重点を置くそうです。いい成績を取ったときは「自分には才能があるからだ」と考え、悪ければ「自分には才能がない」と考える傾向が出たそうです。

一方、「よく頑張ったね」と、**その努力をほめられた子は、何回テストを重ねてその成績が悪くとも、粘り強く問題を解こうと努力を続けた**そうです。悪い成績は「（自分の能力の問題ではなく）努力が足りないせいだ」と考えたようだということでした。

これらのデータから中室氏は、子どもをほめるときは、「あなたはやればできるのよ」

ではなく、**「具体的に努力した内容を取り上げてほめ、さらなる努力を引き出し、難しいことにも挑戦しようとさせるほめ方」**が大切だと紹介しておられます。

子どもはほめて育てようと、ともかく大げさに子どもをほめている親をよく見かけますが、**むやみやたらにほめすぎると、実力の伴わないナルシストを育てることになる**と指摘する人もいます。ただ何でもほめていればいいというのは、私から見ても手抜き育児に思えます。

以前できなかったことができたときのほめ方や、前に解けなかった問題が解けたときのほめ方、点数が悪くとも平均よりはかなり高かったときなど、ほめるタイミングやほめ方は、それぞれ違って当然です。**何でもただほめるのではなく、子どもの努力を引き出すために「どうほめるか」が親の腕の見せどころ**なのです。

子どもが努力を継続することや、難しいことに挑戦したくなるように、子どものチャレンジを励ますようなほめ方をしてあげてください。

5 ▼ 子どもの非行には執念で向き合う

――親が本気を出さなければ子どもは変わらない

アンケート結果

荒れたとき、体当たりで接してくれた

私の親は小さいころから教育に熱心で、幼稚園のころから公文や英会話といった習い事をさせてくれたり多くの読み聞かせをしたりしてくれました。しかし、育て方に関しては不器用というほかなく、特にほめることが苦手でした。そのためか、私はいつも自信が持てず、中高一貫校では度が過ぎたいたずらが高じて、非行に走りました。両親は私とどう接してよいかわからなかったようですが、それでも**私の非行を食い止めようと、いつも体当たりで接してくれました。**

大学浪人時代に自らの世界観が広がり、将来の展望を考えるようになったことで、いつしか母の言葉には素直に耳を傾けるようになりました。見捨てることなく育ててくれた両親、特に母に感謝の気持ちでいっぱいです。

（慶應義塾大学法学部Fさん）

非行の実態を把握し、グループから引き離す
――手をこまねいていれば一生後悔する

子どもの非行と親子関係は、切っても切れない関係にあります。親の存在が、子どもが非行に走る抑止力になっている場合も多いと思われます。他方で、親憎しで、親を困らせるために起こす非行や犯罪も少なくありません。

子どもが非行に走ったときに、**周囲が見放しても最後まで向き合うのも親の愛情です。**

私はこれまで、４人のわが子つながりのママ友から数多くの相談を受け、未成年の非行グループを何組も見てきました。同じ非行グループ内でも、補導された際の少年たちの親の対応には大きな開きがあります。「子どもがどこで誰と何をしているのかわからない」と嘆くだけで手を打たない親も多くいます。

これに対し私の友人は、子どもが非行に走った際、「事件が起きてからでは遅い。昨今のような事件では、『止められなかった』『ただ居合わせた』というだけでも恐ろしい事態になる」と、**子どもの行動をすべて把握することから着手しました**。探偵に、どこで誰と何をしているか、確かめてもらったのです。調査には高額を要したそうですが、「ここでおカネを使わないでどこで使うのか」と、肚（はら）を決めたそうです。

その結果、ゆすりをしたり、酒を飲んだりしていることがわかり、彼は仲間といるところに乗り込んでいきました。そして、地元で飲食店を経営していたにもかかわらず、非行グループから子どもを引き離すために、職業をなげうってまで引っ越しをしました。

子どもの将来を考えれば他に選択肢がなかったと言っていましたが、親の本気が伝わり、そこから子どもは更生していったそうです。**子どもが非行に走る兆候を見せたときは、親の強い想いと執念で対応することが、いかに大切か**思い起こさせてくれます。

初めから非行グループに入らない子に育ててこそ称賛に値すると思う人もいるかもしれませんが、親の愛情や教育だけで子どもが育つものでもありません。非行への誘惑がない環境で育てられればむしろ「運がよかった」と感謝できるほど、今の社会は誘惑に満ちています。

親子の信頼関係については「親が信じないで誰が信じる?」という言い方がされることがありますが、信じるだけではいけません。とくに非行の初期段階であれば、**親が子の疑わしい行動を盲目的に信じるのは、非行を助長する行為**とすら言えます。

子どもに非行の兆候があったときは、まずは実態を把握し、しっかりと子どもと向き合う以外にありません。学校の先生や友だちや親戚が、親以上に親身になってくれることはないのです。

そして周囲が子どもを見放しても、自分だけは子どもの再起を信じて、全力で支える必要があります。「親が信じないで誰が信じる?」という言葉は、ここで思い起こすことです。親がありったけの愛情と執念で向き合ってこそ、子どもを変えることができるのです。

6 ▼ 信頼で子どもを包む

――一方通行ではなく、双方向の信頼関係が大切

アンケート結果

親からの信頼に応えようと自然に頑張った

「信じているから、好きにしなさい」と口癖のように言われました。「好きにしなさい」だけだとほったらかされている気になったかもしれませんが、**「信じているから」というのも強調されたので、信頼に応えようと頑張りました。**

（慶應義塾大学総合政策学部Kさん）

子どもを信頼してくれた

私の親は決して私の進路には口を挟まず、私を信頼して任せてくれました。それは私が自律的に物事を考えるようになった大きな要因であると思います。**信頼されていると、親の期待を裏切れないという気持ちになります。**

（東京大学経済学部Sさん）

自由にしてくれたので、かえって努力した

親は私に対して「自由」と「信頼」を与えてくれました。**親が私を信用してくれているということが伝わったので、自分も自慢の息子でありたいと望むようになりました。**勉強をやれとも言われなかったので、自分から勉強をして、信頼に恥じない息子になれるよう努力しました。

（東京大学大学院Tさん）

「信頼」を最も大切な価値観とする子どもを育てる
――親への不信感は「性悪説」の子を育てる

親から信頼されて育つ子どもさんは、親からたっぷりの愛情を受けて育った子どもさんと同じように、**自己肯定感や自信、そして期待に応えたいというモチベーションが育まれやすい**ものです。それはまた、プラス思考や他者を信頼する心を養い、他人と温かく良好な関係を築く人格の大切な基礎をつくります。

しかしこの「子どもへの信頼」にも、重要な注意事項があります。前項で触れた通り、〝信頼〟と〝盲信〟を混同しないことです。非行の兆候があるわが子が話す内容を「親が信じないで誰が信じる?」と闇雲に受け入れるのは本当の信頼ではありません。

まずは、子どもに信頼の大切さを教えることが大事です。**信頼関係は一方通行では成立**

しないからです。親が信じてあげると同時に、子どもも親を信じていなければ信頼関係があるとは言えません。親自身が、**信頼を大切にしていることを伝え、子どもにもちょっとしたことでも嘘をつかず、日々誠実に接していくことで、子どもの信頼感を育ててあげる**必要があります。

先に、「性善説」に立った子どもを育てようという話をしましたが、親と信頼関係を結べない子どもは、対人不信感が強くなることがあります。不信感が強いというのは、「性悪説」に立ってしまうということです。

親に反抗する子どもの言い分を聞いていますと、よくそこまで親の愛情を曲解できるものだと感心するほど、ひねくれているものです。

たかが親の心を読めないだけの問題に見えますが、決してそれだけに留まりません。

例外的にひどい一部の親を除き、世界中で自分を一番愛し、大切に育ててくれた親です。**自分の一番の応援団長である人と信頼関係を結べないのですから、他人を信じ、信頼関係を結ぶことが難しくなる**のは目に見えています。

一方で、アンケートの回答を見ていても、親から信頼されて育った学生さんは、やはり学生さん自身も親のことを信頼しており、その信頼関係が努力の源になっているようです。**「親の信頼に応えたいがために努力した」**という声も多くありました。信頼が生む力はそこまで強いのです。ぜひ、信頼と愛情をしっかりと実感させて、素直に努力する力、人を信じる力、人と信頼関係を築ける力を育ててあげてください。

7▼無償の愛を注ぐ
――親の最も重要な任務

アンケート結果

無条件の愛情を注いであげよう

心理学の研究で**「無条件に愛情を注いで育てた子どもは、条件付きで愛情を注いで育てた子どもよりも将来、進学や仕事に成功する傾向がある」**というデータが出ています。

たとえば子どもが喜ばしくないことをしても、罵声を浴びせたり殴り飛ばしたりするのではなく、親身になって注意するなど、常に愛情をもって接することが大事だと思います。

心理学の教科書でこれを読んだとき、自分が育てられた環境と照らし合わせてかなり「思い当たる節」があったので、これが子育てに一番大切なのだと思っています。

（東京大学大学院Kさん）

「愛されている」とわからせてほしい

親の愛を明確なかたちで伝えてほしかった。教育方針は人それぞれだと思うし、親の教育が人格の形成に最も重要な関数であるかはわからない。しかし、**親の最も重要な任務は、子どもに自分が愛されているとわからせること**である。私は自分の存在に自信が持てず、生きたいように生きることができなかった。

（早稲田大学Mさん）

大切にされることで、自尊心を育めた

私は、**外でどんなに嫌なことがあっても、自分の価値をわかってくれている家族がいるというだけで強くなれる**ものであり、困難に立ち向かううえでも有効であると思います。私は基本的に、両親に大切にされることで、自分の自尊心を育むことができたと思っているからです。

（大阪大学大学院工学研究科Iさん）

子育てで「一番大切なこと」
――言葉と行動で、無償の愛情を確信させる

常に親は自分を無条件で愛してくれている、という感覚は子どもにとって、何よりもかけがえのないものです。はるか昔、私が高校生だったときの強い思い出ですが、私のお茶目な友人に、友人の母親が、**「だから私は、あなたがかわいくてしょうがないのよ」**と言うのです。友人はその言葉を聞き慣れているようでしたが、嬉しそうでした。

そのとき私は、友人のことをとてもうらやましいと思いました。「かわいくてしょうがない」などと、私は親から言われたことがありません。言葉にしなくても親の想いは伝わりますが、**どんどん言葉にするほうが、言うほうも言われるほうも、より幸福な気分になれる**だろうなあと感動しました。ただし、**より重要なのは、言葉より毎日の行動の積み重ねで、親の愛情が子どもに伝わること**です。

私の母親は、超がつくほど無口で物静かでした。明治生まれで、封建的な風習や儒教思想にどっぷり浸かった生き方をしてきた人です。信じられないことですが、母の生きてきた価値観では、人前でわが子をかわいがるのは、はしたないことの一つでした。

しかも大家族で生活が大変で、母が私を甘やかしたり、大切に慈しむ言動が入り込む余地がありませんでした。それでも私は、母親からの無償の愛を疑ったことはありません。

子どもへの愛や信頼は明確に伝えようと、これまで繰り返し申し上げてきましたが、私は母から、言葉ではっきりと言われたことはありません。それなのに、母の子どもへの愛や信頼は、私たち子どもには明確に伝わっていました。実際、人生の中で何度も困難に負けそうになったとき、踏みとどまることができたのは、母の存在を思ってでした。

きょうだいが7人もいますので、派手なケンカの一つや二つはあってもおかしくありません。でもきょうだいたちは、母が悲しむことはしないという暗黙の了解で、それぞれが妥協し、丸く収めてきたといいます。母はほとんど怒らないので、怒っても全然怖くないのに、なぜそうなったのでしょうか。

それは昔の親はみなそうだったように、母の全身全霊が、私たちに捧げられているのを知っていたからです。子どもの立身出世を望んだわけでも、難しい教訓や説教をする人でもありません。私たちは、**ただ誠実に、黙々と子どものために働く母の姿を見て育ちまし**

た。子どもが成長して親元を離れたら、岩に頭を突っ込んで死んでいく、カシコギという魚の習性に似ていなくもない母の人生でした。

母を悲しませる行為など、できるわけがありませんし、母の喜ぶ顔が見たくて頑張ったところが、私たちきょうだいにはありました。これはべつにわが家に限ったことではなく、昔は隣近所の家族もみな、そんなものでした。世の中が豊かになるにつれて、このような親子の絆が失われつつあるのは残念なことです。

小説の題材になりそうな大恋愛中のカップルも、前世から赤い糸で結ばれていたような仲のよい夫婦も、長い期間一緒にいれば、どこか一部にでもギブ&テイクがないと、いい関係は続かないのではないでしょうか（経験がありませんので、大きいことは言えませんが）。それに対し、親の愛は、掛け値なしで生涯無償です。それゆえに最も尊いものです。

本書で私は、子育ての秘訣らしきものを長々と書き綴ってきました。そんな中、**最後に一番大切なものを一つだけ挙げるとしたら、迷うことなくこの「無償の愛」を挙げます**。

そしてこれは、私などがここで書かなくとも、これをお読みの皆さんが毎日、子どもに贈り続けられているものです。

本書に書いてあるすべてのことを完璧以上にこなしても、この無償の愛を感じさせていなければ、親の仕事をしていないことになります。逆に本書で書かれたすべてのことができていなくても、無償の愛さえ子どもにきちんと伝わっていれば、それだけで子どもにかけがえのない贈り物をしているのです。

これまで、長文にお付き合いいただき、ありがとうございました。これをお読みのこの瞬間も惜しみない無償の愛情を子どもに注いでおられるすべてのお母さん、お父さんに心からの敬意を表して、本書を締めくくりたいと思います。

第7章のPOINT

信頼と愛情を感じさせる——人に受け入れられる自信を育む

最終章では、育児で最も重要な、「無償の愛を実感させる」ことの大切さについて考えてきました。十二分に愛情を実感して育ってきた天真爛漫（らんまん）な人は、性善説に立っています。他人を信頼することができ、人を愛することができるので、反対に、それだけ信頼と愛情を受けることもできます。

他人に愛され、信頼してもらって成り立つのが人生ですから、この愛情をたっぷり受けた天真爛漫さこそ、長い人生の成否を分けると言っても過言ではありません。

常に感謝の気持ちを持ち、愛情と信頼感のあふれる大人になるために大切なことは何でしょうか？　まずは親自身がプラス思考で明るく、愛情あふれるおおらかな家庭環境で子どもを伸び伸びと育てることです。

もちろん、親の個性や家庭の事情でそのような明るさや愛情表現が難しいこともあることでしょう。ですが本質的に大切なのは、「どんなときでも親は自分を第一に考えてくれ、愛してくれている」という愛情と信頼感で子どもを包んであげることなのです。

それでは本章でともに学んできたことを、最後におさらいしておきましょう。

おおらかな環境で子どもを伸ばす

1．プラス思考で、明るくおおらかに育てる

明るくおおらかに接してあげていますか？　大きな愛情で包んであげるような環境で「誰にも受け入れられる」という自信を育ててあげてください。

2. 父母間での「けなし合い」は絶対にダメ

子どもの前で罵り合いをしていませんか？　建設的な夫婦間の議論と、単なる罵り合いはまったく異なります。両親の不仲から子どもが感じるストレスは、大人の想像以上のものです。

3. 他の子どもと比べない

子どもを兄弟や友だちと比較していませんか？　ほめるにせよ、けなすにせよ、他人と比較して言われると、子どものトラウマになりかねません。親に他の子どもと比較された心の傷を、大人になってもわだかまりを持って抱え続けている人もいます。

4. 「正しいほめ方」で伸ばす

むやみにほめていませんか？　才能より努力をほめられたほうが子どもは伸びるものです。結果だけでなく、「頑張っていること」自体をほめてあげてください。

5. 子どもの非行には執念で向き合う

子どもが非行に走ったときの覚悟はできていますか？　周囲が子どもを見放したとき、最後まで向き合えるのは親だけです。学校の先生や友だち、社会が、親以上に親身になることはないのです。

6. 信頼で子どもを包む

子どもと、双方向の信頼関係を築けていますか？　アンケートでは「信頼されているから頑張れた」という回答が多数ありました。日ごろから子どもに誠実に向き合い、信頼し合える関係を築いてください。

7. 無償の愛を注ぐ

十分、無償の愛情を感じさせてあげていますか？　親に愛されているという感覚ほど、子どもの幸福にとって大切なものはありません。自分なりに子どもを愛するだけでなく、言葉と行動で愛情を伝えてあげてください。

親孝行のススメ

本書の最後に——ムーギー・キム

「これ以上、本書かさんといてや。これ以上書かせたら、老人虐待で通報するで」

これは本書を書く長い旅路の中で、わが母パンプキンがときに怒りながら、ときに懇願するように私に言ってきた言葉である。

「こんな取り柄のないおばはんが、恥ずかしい！　本にして出版社に迷惑がかかるし、読んでも当たり前のことしか書けへんねんから！」

執筆を嫌がるパンプキンを叱咤（しった）激励しながら書き綴ってきた本書であるが、最後のほうは、パンプキンが私の厳しいフィードバックへの恐怖症を発してしまった。私のメールを開けるたび、また電話を取るたびに悪寒がしたという。

電話をしてもすぐ切ろうとするし、メールもなかなか返ってこない。それほどパンプキンには相当、頑張ってもらったのだが、私の厳しい批評に耐えながら、自らに鞭（むち）を打ち続けて完成したのが本書である。

本書の伴走をしてきた私がドラフトを読み進めていくうち、自分が幼少期にどのように育てられてきたかが思い起こされて懐かしく温かい気持ちに浸ることもしばしばであった。

最近、探しものをしていたところ、20年ほど前の母の写真が出てきて胸に熱いものがこみあげてきた。そのころの母は確かに若いのだが、今はもう60後半、認めたくない現実を書けば、もうすぐ70代にさしかかる。

パンプキン本人が私を老人虐待呼ばわりするので、ここで念のため、私の母への愛情を強調しておこう。ミセス・パンプキンはこの私の母とは思えないほど私と性格が異なっており、基本的に私が知る人の中で最も謙虚で慎み深く、そして愛情深い人である。すべての親が子どもにとってそうであるよう、私にとってもかけがえのない存在だ。

今でも覚えているが、４歳のときに母に抱かれながら寝ているとき、「いつか母がこの世からいなくなる」と想像して、4歳にして将来の別れが恐ろしくて涙した思い出がある。かといってその後30年を超える親子関係の中で、私はできのよい孝行息子だったわけではまったくなかった。そしてできの悪いわんぱくな、将来のかなり不安な馬鹿息子だった私の人生を切り開いてくれたのは、紛れもなくこの母であった。

本書は「一流の育て方」と銘打ってあるが、別にパンプキンの子育てが一流だったとか、その育児法を大上段からお伝えする、といった類のものではまったくないことは、ご承知の通りである。

本書は一般的な育児本とは異なり、筆者のパンプキンが自分の育児成功体験を執筆したわけではない。むしろ自分ができていなかった育児反省点を大々的に紹介した「反省文集」という感じではなかっただろうか。

思えば、突っ込みどころの多い家庭教育の数々だった。いつも勉強しなさい、勉強しなさいとうるさかったし、本書の冒頭でも述べたが、焼肉屋さんのメニュー一つとして自由意思が尊重されたためしがなかった。無理やりいろんな習い事に行かされたし、内面から気づくように教え諭すというより、十二分に感情的に怒られて育った気がする。

しかし一つだけ、どの家庭にも負けていないと確信するのが、親から子どもへの無償の愛情である。これはそもそも他の家庭と比べるものではないが、それでも私は親から、無条件で絶大な愛情に包まれて育ったことは一点の疑いもない。そしてこの感覚は、本書をお読みの皆さんがみな、同様にご自身のご両親に対して思われていることではないだろうか。

私たちは親の愛情の大きさに畏敬の念を持つばかりだが、実は私たちが知っている親の愛は、実際に親が注いできた愛情のひとかけらにも満たないことに想いを馳せたい。

本書は冒頭で、親と子の視点での育児の本かつ、リーダーシップの本だと述べた。しかし最後に申し上げたい、隠された最も大切なテーマは、親の愛情の大きさを思い起こし、それに感謝しよう、という親孝行の大切さである。

長かった私たちの旅路も、いよいよパンプキンの後書きを残すのみとなった。それでは最後に、ミセス・パンプキンの挨拶でもって、本書を締めくくることにしよう。

おわりに
親から子への愛情に、手抜きは許されない

これまで長時間お付き合いいただき、本当にありがとうございました。本書に掲載したアンケートでは、多くの方が親への感謝の気持ちを書き綴られていました。さまざまなご家庭の教育方針に触れ、私も学びの多い時間を過ごさせていただきました。

本書では多くのページを割いて子育てについて考えてきました。この350ページに及ぶ内容を最後に数行でまとめるならば、と自問してみました。

そこで申し上げたいことは、子どもがにこにこ笑っていて、読書好きで、自分が好きなことと得意なことをわかっていて、感謝する習慣を持っていて、他人の考えを聞く力があり、好きなことに打ち込んでいたら、その子育てに大きな間違いはないということです。

また親の姿としては、子どもの視野を広げて自由に決めさせ、子どもの挑戦を励まして

応援する姿勢が大切です。勉強は強制せずに動機づけして子どもをよい環境に置き、何よりも自らが手本となるような言動を心がけなければなりません。自制心と他人への接し方はきっちりとしつけ、ときには自分から気づかせるように静かに叱ってあげましょう。そして何よりも、明るく笑って無償の愛情を注げば、十二分に親の仕事を果たせていることがわかります。

ここでわが長男がしきりに触れております親孝行について、少し触れたいと思います。彼が親孝行をしているかどうかは別にして、親孝行することを人一倍意識している息子であることは確かです。ですが、彼が描く親孝行のイメージと私のそれには大きな違いがあります。

親にとっては、子どもが社会人として公私ともに充実し、幸福に暮らすことこそが最大の親孝行です。世の親は、皆さんそうだと思います。行きたくないのに海外旅行へ連れだしたり、やっと慣れた一年前のパソコンが古くなったと言っては、勝手に新式に買い換えてくれるなどは、むしろ大迷惑なのですが、彼は自分流を曲げようとはしません。

贅沢だと言われれば確かにそうですが、世のお子さん方には声を大にして申し上げたいと思います。親孝行なんて、簡単です。いつも自分の幸福を願って暮らしている親の存在を忘れないことです。忘れないでいることをときどき行動で表すだけで十分です。あとの俗に言う親孝行はおまけです。おまけはなくとも、全然かまいません。

本書ではいわゆるエリート学生さんたちの声を紹介してきました。ですが、エリートに育てようが普通の子に育てようが、親がかけた愛情に差はありません。それなのに「親の心、子知らず」のこじれた問題が、世間にあまりにも多いことに、心を痛めています。

親を持つ読者の方々には、幼い自分が覚えていなかったころから続く、親からの無償の愛に思いを馳せるきっかけにもしていただければ幸いです。

他方で、子どもの夢を無視し、能力以上の期待をかけて子どもの伸びる芽を摘む親や、逆にかなり放置に近いかたちでお子さんを育てている親にも、声を大にして申し上げたいです。「親孝行、したいときには親はなし」といいますが、逆に子どもも気がつけば巣立っていて、いつまでも親のいいなりではありません。それだけに親元にいるあいだに愛情をたっぷり注ぎ、よい家族関係を築くことがとても重要なのです。

私にとって子育ては、苦労もしましたが、とても楽しかったし、やりがいもありました。私が子どもたちに一番必要とされた時代であり、私の人生のどの時代よりも意義深く精一杯生きることができた充実した日々でした。

「子どもが4人もいるのに、一人ひとりによくもまあ、そこまで必死になるねえ」と何人かの友人にあきれられたほど、毎日毎度真剣勝負で、当然ながらどうでもいい子は一人もいませんでした。

親という漢字は、「木の上に立って見る」（くらいの距離がちょうどいい）という意味だという人がいますが、絶対にそんなことはないと思います。子にかける親の愛情に、手抜きは許されないのです。子のためなら何でもできるのが親であり、子のために、いつでも役立つ親であるよう、自分を律し、視野を広げ、知識や情報を得る努力を怠らないようにするのも親の愛だと思います。

「子どもは3歳までに、親孝行をすべてしている」といいます。すやすやと眠る寝顔や、あやすと笑う無邪気な笑顔に無上の幸福を感じた当時を思い出すと、この言葉は言い得て妙に思います。

子どもの幼稚園入園式や小学校入学式で、誇らしくて嬉しくてたまらなかった瞬間。親の手をぎゅっと握りしめて離さない子どもの手を握る力に、社会の入り口に立った子どもの不安が感じられ、愛おしくてたまらなかったものです。

これらを思い出すだけで、「押しつけない教育」や「やる気を育む教育」を、もっと心がけられたのではなかったかと、反省することしきりです。

そんな私が読者のみなさまに一言申し上げるとすれば、これから子育てをされる親御さんたちはぜひ、子どもを授かったときのあの途方もない幸福感を思い出しながら、子どもに優しい育児を、真剣勝負で心がけてほしいということです。子育てにやり直しはきかず、光陰矢の如しだからです。

末筆ではありますが、本書を執筆する過程で、私の優秀な友人たちが受けた家庭教育や、友人たちが心がけた育児法についても、何度もインタビューさせていただきました。惜しまず協力してくれた友人たちに感謝の意を表したいと思います。また、いつも的確な助言をくださった担当編集者・三浦岳様に、お礼を申し上げます。そしてともすれば老人虐待に近かった気もしますが、いつもあきらめずに励まし続けてくれた息子ムーギーに、ここで謝意を表することを、お許しください。

パンプキン

2016年2月

［著者］

ムーギー・キム

1977年生まれ。慶應義塾大学総合政策学部卒業。INSEADにてMBA（経営学修士）取得。大学卒業後、外資系金融機関の投資銀行部門にて、日本企業の上場および資金調達に従事。その後、世界で最も長い歴史を誇る大手グローバル・コンサルティングファームにて企業の戦略立案を担当し、韓国・欧州・北欧・米国ほか、多くの国際的なコンサルティングプロジェクトに参画。2005年より世界最大級の外資系資産運用会社にてバイサイドアナリストとして株式調査業務を担当したのち、香港に移住してプライベートエクイティファンドへの投資業務に転身。フランス、シンガポール、上海での留学後は、大手プライベートエクイティファンドで勤務。英語・中国語・韓国語・日本語を操る。グローバル金融・教育・キャリアに関する多様な講演・執筆活動でも活躍し、東洋経済オンラインでの連載「グローバルエリートは見た！」は年間3000万PVを集める大人気コラムに。著書にベストセラー『世界中のエリートの働き方を１冊にまとめてみた』（東洋経済新報社）がある。

ミセス・パンプキン

1947年生まれ。立命館大学法学部卒業。４人の子どもはそれぞれ、プライベートエクイティ・プロフェッショナル、ニューヨーク州弁護士やロンドン勤務の公認会計士、カナダの大学教員などグローバルに活躍するプロフェッショナルに成長。東洋経済オンラインでの長期にわたる人気連載「ミセス・パンプキンの人生相談室」では膨大な数の相談をこなし、さまざまな家庭問題について洞察あふれるアドバイスを提供している。

ムーギー・キム氏およびミセス・パンプキン氏へのご依頼・お問い合わせは、以下の事務局まで。
www.facebook.com/pumpkin2016
mrs.pumpkin.2016@gmail.com

一流の育て方
——ビジネスでも勉強でもズバ抜けて活躍できる子を育てる

2016年２月18日　第１刷発行
2016年４月５日　第５刷発行

著　者——ムーギー・キム、ミセス・パンプキン
発行所——ダイヤモンド社
〒150-8409　東京都渋谷区神宮前6-12-17
http://www.diamond.co.jp/
電話／03･5778･7232（編集）　03･5778･7240（販売）

装丁————井上新八
本文デザイン—荒井雅美（トモエキコウ）
本文DTP——キャップス
校正————円水社
製作進行——ダイヤモンド・グラフィック社
印刷————勇進印刷（本文）・共栄メディア（カバー）
製本————ブックアート
編集担当——三浦 岳

ISBN 978-4-478-06146-6